なぜ、あの人の仕事はいつも早く終わるのか？

最高のパフォーマンスを発揮する

「超・集中状態」

ultra-concentration

井上裕之

hiroyuki inoue

きずな出版

一つの機械は50人分の仕事をすることができる。
しかし、特別に優れた仕事をする一人に、かなう機械はない。

――エルバート・ハバード（米・教育家）

Prologue

7日分の仕事を2日で終える「超・集中状態」

「なぜ、同じ量の仕事をしているのに、あの人はいつも早く終わるんだろう？」

「残業もしていないのに、上司から評価されているあの人がうらやましい……」

「同じくらい努力しているはずなのに、なぜスピードもクオリティも、あの人に勝てないんだろう？」

このように〝**最速かつクオリティの高い仕事をしたい**〟と悩んだ経験はありませんか？
そんなすべての人のために、本書を書きました。

はじめまして、井上裕之と申します。

私は北海道の帯広《おびひろ》という地で、院長として歯科医院を経営しています。ありがたいことに、医院の評判を聞いて、遠く九州地方や中国地方など、さらには米国や豪州など海外から足を運んでくれる患者さんもいます。

また、私は作家としての顔も持っており、これまでに60冊以上の本を出版し、その累計発行部数は120万部を超えています。

つまり、私には肩書きが「歯科医師」と「作家」の2つあるということです。

初対面の人は、この2つの肩書きを見比べながら、よくこんな質問をします。

「両方ともお忙しそうなのに、両立できるのですか？」

「まったくジャンルが違う2つの仕事に、よく集中できますね？」

初めて私の本を手に取ったあなたも、同じことを考えたかもしれません。

それはごく自然な感想だと思います。2つの仕事は求められる知識も違えば技術も違いますし、つき合う人たちもまったく違うからです。

しかし私はこの2つの仕事を両方、高いレベルでこなすことができます。

そして、私の仕事が、最短・最速かつ高クオリティのマルチタスクでまわっている秘密が、本書でお伝えする「集中力」にあります。

仕事やプライベートにおける成功は「最高の結果に対して、最大の集中力を発揮できるか否か」で決まります。

結果へと最大の集中でフォーカスした状態を、本書では「超・集中状態」と呼びます。

私の場合、この「超・集中状態」を使いこなすことにより、ほかの優秀な歯科医師の方々がだいたい7日かけておこなう手術件数を、2日で終えてしまいます。当然、クオリティは一切落とさずに。

つまり、あなたも仕事において「超・集中状態」を使いこなすことが可能になれば、究極は「週休5日」も実現できてしまうということなのです。

「超・集中状態」とは何か。

「超・集中状態」を習慣化するにはどうしたらいいか。

それを本書で、解き明かしていきましょう。これらが感覚的に落とし込めれば、あなたの成功は約束されたも同然です。

それでは、おつき合いください。

「超・集中状態」になるための32の心得

最短・最速の仕事をし、最大の結果を得るためには、「超・集中状態」に入ることが不可欠です。そして、「超・集中状態」に入るためにはポイントがあります。本論でロジックや事例を用いながら解説をしていきますが、まずここで、ポイントをまとめて、皆さまにプレゼントいたします。

1. 「2つのかけ離れた肩書き」を持つことで、集中力は強くなります
2. 「No.1」だけを目指すと、最高の結果だけが見えるようになります
3. 遠慮を捨てて、仕事をおもいっきり楽しみましょう
4. あなたがうまくいかない原因の9割は、準備不足です
5. 「この仕事を最短で終わらせるには？」と、常に考えましょう
6. 周囲の人とのつき合いをルール化して、やりたいことに没頭できる環境をつくりましょう
7. 「フロー」と「ゾーン」というものを知りましょう
8. 「完璧な仕事をする」という強い思いが「超・集中状態」を生み出します

9	得たい結果のためならどんなことでもするという覚悟が、集中へのトリガーになります
10	「上司に文句を言わせない仕事をする」と考えると、自発的に集中できます
11	「集中している自分」を俯瞰して見る意識をもつと「クールな超・集中状態」に入れます
12	フローチャートを準備することで、スムーズに集中できます
13	「使命感」+「悪影響の排除」で、強制的に「超・集中状態」へ入ることができます
14	潜在意識が「超・集中状態」に影響を及ぼすことを知りましょう
15	涙を流すほど叶えたい夢があるか、自分を見つめて考えてみましょう
16	私たちは宇宙とつながっているという感覚を意識してみてください
17	「身体が勝手に動いた」「言葉が意識しなくても出てきた」という感覚が大切です
18	どんな小さな親切にも、お礼を言いましょう
19	いままでに経験のないことに、チャレンジしてみましょう

20	周囲の人間関係は、ポジティブな人だけでかためましょう
21	いい言葉を使い、いいものに触れましょう
22	理想と現実のギャップを知り、感謝の心を持ちましょう
23	「ピリオダイゼーション」を駆使して、目の前の作業に臨んでみましょう
24	就寝よりも、起床を重要視しましょう
25	ゴールを明確に宣言すると、味方が現れます
26	最初の一歩だけ、最速で動いてみましょう
27	ときには直感を信じてみましょう
28	まずは、朝起きてから眠るまで、一日のルーティーンを決めましょう
29	飲み会もゴルフも行ってはいけません
30	「そこまでやるの？」と言われるまで準備をすると、「超・集中状態」が習慣化します
31	駐車場もレストランも一番いい場所を取りに行くクセをつけると、集中力が増します
32	新しい情報を得て、常に自分の言葉でアウトプットします

Prologue
7日分の仕事を2日で終える「超・集中状態」…… 002

Chapter 1
なぜ、あの人の仕事はいつも早く終わるのか？

かけ離れた2つの仕事を両立できる秘密…… 019
● 2つの仕事が結果としてつながることがある…… 023
1%しかない最高の結果に、100%集中する…… 025
●「一番」に対して、最短最速の道を歩め…… 026
一流を目指すと、苦しまずに集中できる…… 029
● 成功する人は、努力を努力と思わない…… 032
完璧な仕事を〝当然のごとく〟しよう…… 034
● 最高の準備が、最速の仕事へのキーポイント…… 037
そもそも集中とは何か？…… 039
● 集中力は利益に直結する…… 041

Contents

Chapter 2

パフォーマンスが劇的に上がる「超・集中状態」とは

気が散らないための仕組みをつくると、スピードが上がる …… 044
ゴールの妨げになるものは、迷わず捨てる …… 047

究極の集中力が、成功への鍵となる …… 053
「超・集中状態」とは何か？ …… 055

「超・集中状態」が最高の仕事を生み出す …… 056
中途半端な仕事では、集中力は育たない …… 057

ただ淡々と、結果だけにフォーカスする …… 060
「恥ずかしい」「みっともない」は捨てる …… 061

動機を自分で見つける …… 065
外発的動機から、内発的動機へ …… 068

「2日間で14名」のインプラント手術という結果 …… 070
まるで機械のように、ブレずに行動する …… 072
「超・集中状態」を維持する、準備の重要性 …… 075
想定外も想定内 …… 076
強制的に「超・集中状態」に入るテクニック …… 079
「試合に勝つために、とんかつを食べる」はやめなさい …… 082
潜在意識と「超・集中状態」の関係 …… 086
「超・集中状態」に入れる人、入れない人 …… 086

Chapter 3

潜在意識で、あなたの状態を自由自在にあやつる

人生を変えた一筋の涙 …… 091
ニューヨーク大学からの特例 …… 093

Contents

潜在意識とは何か……096
潜在意識とはエネルギーである……098
なぜ、井上裕之の質疑応答は満足度が100%なのか?……102
潜在意識が、最適解を連れて来る……104
できる人とできない人の違いは、潜在意識から生まれる……106
ふとした瞬間の行動をつかさどるもの……107
潜在意識が未来の可能性を広げる……110
限界を設けない……111
潜在意識が人間関係を変える……114
潜在意識は、同じエネルギーの人を引き寄せる……115
潜在意識の力をうまく利用する方法……119
マイナスエネルギーを排除する……123
いまの自分自身と向き合い、潜在意識の質を高める……127
自分を見つめる手段……128

Chapter 4

集中力が分散してしまったときは？

「3分間だけ集中法」を使う……133
時間の使い方は、短時間ごとで区切って考える……136
15分だけ眠ってみる……141
無理に寝ようとしなくていい……143
一度立ち止まって、「私が本当に得たい結果は何か？」と考えてみる……147
沖縄1000人講演会の奇跡……152
「小さなゴール」を設定してみる……156
どんなゴールを描くべきか……157
即断即決してみる……160
直感を信じること＝潜在意識を信じること……163

Contents

Chapter 5

「超・集中状態」の習慣化が、最速の成果への近道

自分なりのルーティーンをつくる …… 167

強制的にやることを決めてしまう …… 172

集中できる環境を支配する …… 176

会社勤めでも、環境はコントロールできる …… 178

勝ち負けに徹底してこだわると、集中力とやる気の好循環が生まれる …… 183

勝ち続けるために、パーフェクトな準備をする …… 185

駐車場の停め方で成功するかわかる …… 189

「無理だろう」と決めつけない …… 194

良質な情報発信をする …… 197

自分で体験し、自分の言葉で発信する …… 198

Epilogue
結果にフォーカスした途端、あなたの未来は成功へ向けて走り出す …… 202

ブックデザイン　池上幸一
協力　合同会社DreamMaker
編集協力　チームTOGENUKI

なぜ、あの人の仕事はいつも早く終わるのか？

——最高のパフォーマンスを発揮する「超・集中状態」

Chapter 1

なぜ、あの人の仕事はいつも早く終わるのか？

1 Chapter

この章のポイントは、最速・最短・最大の成果を出すために、絶対に必要なことは何かを知ることです。

そのためのキーワードとして、私は「一流」「一番」をあげています。

読み進むうちに、なぜ一流・一番が最速・最短・最大の成果を出すことにつながっていくかがわかるはずです。

加えて、この章では、成果と集中力と準備の関係性についても解き明かしていきます。

集中力は、集中している状態だけを指すのではありません。

準備が集中力を生み出し、集中力が成果を生み出すという関係性があるのです。

もしもあなたに「集中力がわかない」「集中力が続かない」という悩みがあるとすれば、それは一流・一番への思いが弱いか、準備・集中力・成果の関係性を無視しているか、あるいはその両方の理由があるのです。

かけ離れた2つの仕事を両立できる秘密

冒頭でもお伝えしましたが、私には2つの肩書きがあります。

「歯科医師」と「作家」です。

一般的に、この2つの肩書きを見て、ずいぶんかけ離れた仕事だと感じる人が多いのではないでしょうか。

たとえば、歯科医師ならもちろん歯の治療を中心に医学的、科学的な知識や技術が求められます。つき合う人といえば患者さんのほかには、同業の歯科医師たちや歯科技工士、あるいは歯学部の教授や学会の人たちということになります。

一方で本は、そもそも幅広い教養や、さまざまな体験がなければ書けませんし、論理的な思考や読者を引き込むようなストーリー展開を発想できる作家としての才能も求められます。ふだんつき合うのは出版社の編集者であったり、ポートレートを撮影してくれるフォトグラファーであったり、作家仲間であったり、あるいは実業家であったりします。

こう記してみると、たしかに我ながらずいぶんとかけ離れた世界にいる気がします。常識的に考えれば、わざわざ面倒な道を選んでいるのかもしれません。しかし、成功を目指すものにとって常識の枠は無意味です。**むしろ「かけ離れているからいい」のです。**

多くの歯科医師は、経験と実績を積み上げて「優秀な歯科医師」を目指します。治療してくれる歯科医師の技術は患者さんにとって重要なことですし、名医目当てに患者さんが集まるという意味では、歯科医師としてのレベルは経営的にも大切なことだと言えます。

しかし「優秀な歯科医師」という評価は、同業の歯科医師や学会関係者など、歯を治療する専門家や患者さんなど、限られた範囲でしか通用しません。

では、そこに「売れているビジネス書作家」という肩書きが加わったらどうでしょう。

「歯科の専門家がどんなビジネス書を書くのだろう？」

「作家がどんな治療をするのだろう?」

そう思いませんか?

かけ離れているから、その人物に興味がわきます。

しかも歯科医師として経歴や実績があり、作家としても売れっ子であれば、多くの人から「すごい!」と言ってもらえます。

その効果は、2つの肩書きが離れていればいるほど大きいといえます。

歯科医師が大学の歯学部教授も兼《か》ねているとか、ビジネス書作家がビジネス書評論家もやっているとかでは、それほどインパクトはありません。

つまり、誰もが想像できる範囲のことをしていたら、得られる成功も想像できる程度のものでしかないということです。かけ離れて見える2つの世界が結びついたとき、誰も想像しえなかった成功を手にすることができるのです。

少しだけ内輪話をさせてもらうと、私は歯科医師であるにもかかわらず、歯科医師会など業界の団体にすべて参加しているというわけではなく、選んで参加しています。自分の仕事に集中したいからです。でも、自分が参加していない業界団体が催す講演会やセミナーに呼ばれて、壇上でお話しすることはたびたびあります。

主催者が歯科医師としての技能だけをものさしにしてスピーカーを選んでいるなら、ふだん業界とつき合いの薄い私に声がかかることはないでしょう。ということは、「作家」であるという価値に期待してくれるのです。

たとえ歯科医師として同じ技術を持っている人がいたとしても、作家という価値が加わることで、講演者として丁重に扱ってもらえます。

かけ離れた価値を双方とも高められる人は成功を手にし、特別な人生を生きられるというわけです。

あなたがビジネスパーソンであれば、経理の専門家と人事の専門家という2つの専門性を身につけてもいいでしょうし、社内では経理の専門家であり、社外では副業でスパイスにこだわったカレー店を経営するというのもありかもしれません。

あるいは仕事では人事戦略のエキスパートであり、プライベートでは山岳《さんがく》のエキスパートというのもいいでしょう。

あなたも、かけ離れた2つの肩書きを持つことで、特別な人生を手に入れる可能性が高まるのです。

2つの仕事が結果としてつながることがある

ここまで、「かけ離れた」と話してきましたが、じつは医師と作家の間には目に見えないつながりが存在します。

高度な専門知識と技術を要求される歯科医師の仕事は、常に最新情報を学び、技術を磨く必要があります。しかしそれだけでは名医にはなれません。患者さんにこれから施《ほどこ》す治療の内容をわかりやすく説明したり、患者さんからの質問に的確に答えたりというコミュニケーション能力が欠かせないのです。

私は作家としてものごとを考え、それを表現する作業や、講演会やセミナーを通じて、コミュニケーション能力を磨くことができます。大勢の聴衆に向かって自分の考えをわかりやすく説明し、聴衆からのさまざまな質問に的確に答えることは、そのまま私の歯科医院に来てくれる患者さんと、コミュニケーションを深めるための能力向上につながっているのです。

それればかりか、うれしいことに経営的にも大きなプラスになっています。

冒頭で述べたように、私の歯科医院には国内外から多くの患者さんが来られます。

私の著作を読んで共感してくれ、「この医師になら治療を任せられる」と信頼して来院してくれるのです。本に書いていることは、もっぱら医学についてというわけではありません。むしろ私の著書は、人の潜在意識に関するものや成功哲学にまつわるものです。医学と関係がなくても、私という人間を理解してもらい、信頼を寄せてもらっているのです。

ここでお伝えしたいのは、かけ離れているから両立が難しい、とブレーキをかけてしまっている時点で集中力は分散してしまっているということです。

むしろ、かけ離れた2つのことをすることで「超・集中状態」のきっかけになるのです。

「超・集中状態」になるための心得
1
「2つのかけ離れた肩書き」を持つことで、集中力は強くなります

1％しかない最高の結果に、100％集中する

私は歯科医師とビジネス書作家、どちらの仕事も心から楽しんでいます。「楽しんで」と言うと「楽をして」と誤解する人がいます。しかし、私はどんな状況でも取り組むからには手を抜くことなく、最高のパフォーマンスを出したいと考えています。

そして、その思いを現実のものにするため、必要な心構えとプロセスを整えることに普段から細心の注意を払っています。

たとえば歯科治療の臨床《りんしょう》結果を公の場で発表するときです。

用意したデータは完璧か、資料に抜け漏れはないか、発表の構成は聴衆を惹きつける順番になっているかなど、あらゆる角度から検討し、修正を繰り返しながら練り上げます。本番だけでなく、準備段階からエネルギーを注ぎ、集中力を保ちながら作業を進めているのです。

これは、あなたの仕事にも共通することではないでしょうか?

たとえば、1ヵ月後、役員に対して新事業を企画提案する会議があるとしましょう。あなたは本番のときだけ集中すればいいと考えるでしょうか。役員が手にする資料に抜かりはないかと、事前に、それこそ目を皿のようにして隅から隅まで確認するはずです。そして、データはどれを使い、どう見せれば最も効果的か、話すスピードはこれで大丈夫か、と確認を繰り返すなど、念入りにリハーサルをするはずです。

役員に自分の企画を提案する千載一遇《せんざいいちぐう》のチャンスです。それをものにするためには、あらゆるエネルギーを注ぎ、集中することを忘れるほどに集中して、仕事に取り組むに違いありません。そうでなければ仕事で成功するはずもないのです。

「一番」に対して、最短最速の道を歩め

あなたは「では、作家の仕事はどうなのか」と質問するかもしれません。

私は作家の仕事も本気で取り組んでいます。

・歯科医師として世界最高の医師となる
・作家として100万部売る、ベストセラー作家となる

これが私の目標でした。

確率としては1%もないかもしれないほど、ハードルが高い目標です。

この2つの目標を実現するには露《つゆ》ほども妥協することは許されません。

だから歯科医師の仕事をしているときはそれに100%集中し、作家の仕事をしているときはそれに100%集中します。

どちらか一方でも中途半端に仕事をしていれば、かけ離れた2つの肩書きを持つ意味は途端に薄れて、圧倒的な価値を出せなくなってしまいます。

「作家として100万部出したい」

ある出版社の編集者にそう宣言すると、「著者が誰であっても、そんなことは無理だよ」と言われました。あなたも無理だと思いますか?

「過去に100万部出した作家なんて、数えるほどしかいないから無理だ」

そう考える人もいるでしょう。でも、それは挑戦する前から、頭が可能性に制限をかけているだけです。可能性にリミッターをかけてしまえば、やるべきことに集中力を発揮できないので望ましい結果を出すことはできません。そして、その残念な結果だけを見て、「やはり無理だったんだ」と結論づけてしまうのです。

気がつかないうちに自分の思考や行動に制限をかけていないでしょうか？

まずは「一番になるんだ」と本気で思うこと。それが成功への第一歩です。

この「一番」というのがとても大切です。二番、三番には価値がないからです。

よく言われるたとえですが、「日本一高い山は？」と問われれば誰もが「富士山」と答えられますが、「では、二番目に高い山は？」と聞かれると多くの人が答えられません。

それほどに一番と二番には差がありますし、「一番になる」と思ったときの集中力と、「二番でいい」と思ったときの集中力にも大きな差があります。

だから、一番を目指すことは集中力を高め、結果を出す早道なのです。

「超・集中状態」になるための心得
2

「No.1」だけを目指すと、最高の結果だけが見えるようになります

一流を目指すと、苦しまずに集中できる

私が30歳になる直前、あるベテランの歯科医師から「キミは一流の仕事にしか興味がないんだね。一流の仕事だけでなく、ふつうの仕事も知らないと、本当にいい仕事はできないんじゃないかな」と言われたことがあります。

しかし、自分が一流の歯科医師を目指しているとき、二流、三流の仕事を見て役に立つのでしょうか。

あなたが一流のビジネスパーソンを目指している人ならわかると思います。自分よりも仕事のできない人の思考や行動が役立ちますか？

もちろん、あなたがチームリーダーだとしたら、仕事がはかどらないスタッフに対して思考や行動の変化を促すために、その人の仕事をつぶさに観察して、どこに問題があるの

か確認する必要があるでしょう。

しかし当時、**一日でも早く最高の歯科医師になりたいと願っていた私は、そのためには一流の仕事だけを見続けるしかないと思っていました。**あれから25年以上たったいまでも考え方は変わりません。むしろ確信に変わりつつあります。

打ち明け話をすれば、私が作家になれたのも「一流だけでいい」という思考が助けになったからです。

私がコンサルタントの資格を取得して間もないある時期、何人かと一緒に講演するチャンスが巡ってきました。

そのとき講演を取り仕切る人から「誰と一緒に講演したいですか?」と聞かれ、即座に船井総合研究所の創設者として知られる故・船井幸雄さんの名前を挙げました。当時、最も活躍していていたコンサルタントで、とても人気のある方でした。

一流のコンサルタントと一緒に講演すれば注目を浴びますが、相手の引き立て役になってしまうことも考えられます。もしそうなってしまえば、講演に参加した意味がなくなってしまいます。

そこで私は船井さんの著作やインタビュー記事を読み漁って、船井さんのことを知り、さらに実際に講演で船井さんのスピーチを聞いたことのある人をつかまえて、感想を聞きました。

こうして一緒に講演する人を知り尽くしたうえで、自分が埋もれないようにする方法を、とことん突き詰めたのです。**どこかで聞いたことのあるような話をしても、船井さんの存在の前では私の印象は吹き飛んでしまうからです。**

講演本番では、自分にしか語り得ない過去の辛い体験を話しました。

あのときの私が聴衆の注目を集めるとすれば、個人的で強烈なエピソードしかありませんでした。

ありがたいことに、会場の人たちは私の話をじっと聞いてくれました。

涙を浮かべる人、「感動しました」と言ってくれる人もいました。この講演の成功が初の出版につながることになります。

成功する人は、努力を努力と思わない

どういう舞台に立つかはとても重要なことです。

「まだ初心者だから」「経験不足だから」という理由をつけて一流の舞台に立たない人は、最後まで一流の舞台に立てないでしょう。あなたも尻込みする必要はありません。

堂々と「最高の舞台」に立つことを意識してほしいと思います。

ただし、私の講演でいえば、ほかの講演者のことをしっかりと調べたり、自分が舞台に立って圧倒的な価値を示せる話題は何かを考え尽くしたりといった準備は欠かせません。

「一番を目指す」「一流を志す」というと、「辛い思いはしたくない」と考える人がいます。一番になるためには人の何倍もの努力が必要だという想像から、「辛い思いをしなければ一番にはなれない」「そんなことは自分にはできない」と考えてしまうのでしょう。

でも、それは先入観でしかありません。一流を志す人は皆、一流でありたいと望みながら、努力を重ねよう、辛さに耐えようとは、まったく考えていません。

「超・集中状態」になるための心得

3

遠慮を捨てて、仕事をおもいっきり楽しみましょう

一番になるために努力が必要なことは知っています。しかし、私の経験から言えば、その努力さえ「楽しい」のです。苦痛でも何でもない。楽しくて仕方がないのです。

じつは歯科医師も作家も、仕事だと思ったことがありません。

「両方ともお忙しそうなのに、両立できるのですか？」という、冒頭で紹介した問いの答えにもなるのですが、歯科医師と作家という二足の草鞋《わらじ》を履きながら活動することは、どちらも楽しいことなので疲れを感じることがないのです。

「苦しまないで努力を続けられることが才能だ」

これは将棋の羽生善治《はぶよしはる》さんが語った言葉です。

成功する人には共通の理があります。仕事そのものが楽しいので、疲れたから休憩しようとか、集中力が途切れたから別のことで気を紛らわそうということもありません。その結果、高い集中力を保ちながら仕事に励むことができます。

完璧な仕事を〝当然のごとく〟しよう

「一番」「一流」を強調したので、私のことを生まれながらの完璧主義者のように思ったかもしれません。

しかし、歯科医師として駆け出しのころは「優秀な」歯科医師になりたいと思ってはいたのですが、正直に言えば「世界最高の」とまでは考えていませんでした。

30代後半の開業間もないころ、大勢の先輩歯科医師や仲間たちが、私の医院を見学に来ました。

まず、患者さんの治療の様子を見てもらったところ、とある大御所の先生に「井上先生もがんばっているね」と話しかけられました。

「がんばっているのがわかるレベルの仕事だということだよ。超一流の先生はこうじゃな

いんだ」

屈辱的な一言でした。

その瞬間、私の頭は真っ白になりました。

施術が終わった後、私は先輩歯科医師たちをともなって病院内を案内して回ったのですが、そのときのことをまったく思い出せません。それほど動揺していたのです。

自分としては、かなり高度な技術で治療しているつもりでした。

しかし、がんばっている跡が残ってしまっていました。

超一流の先生は、がんばって治療した痕跡がないほどに、完璧な仕事をしていたのです。

「これからは誰にも何も言われないくらい完璧な仕事をやろう」

私は自分に誓いました。

それからは生来の几帳面さに輪をかけるように、完璧な仕事を目指すようになりました。

歯科医院は私一人だけでなくスタッフと一緒になって仕事をしますから、スタッフにも完璧な仕事を求めます。

たとえば歯を治療する前に撮るレントゲン写真が少しでも曲がっているとき、「まあいいよ」と大目に見ることは絶対にありません。

もともと歯科医師の業界は几帳面な人たちが集まっている世界です。

わずかでも曲がったレントゲン写真を見れば、「この先生はいい加減な仕事をする人だ」と思われかねません。

それ以上に自分がそんな仕事をするのが嫌なのです。

あなたが仕事で成功したいなら、中途半端な仕事を100やるよりも、完璧な仕事を一つやるべきです。

最高の仕事をやり遂げるには、その準備に集中して取り組まなくてはなりません。

そのプロセスはあなたの経験として蓄積されるはずです。

そして、次の仕事に取り掛かるときの一つの基準となるのです。

だから完璧な仕事をした人は次々といい仕事ができます。

中途半端な仕事をいくらこなしたところで、最高の仕事をするための基準にはなり得ないのです。

最高の準備が、最速の仕事へのキーポイント

完璧な仕事をするためには、完璧な準備が欠かせません。

本番で集中するのは当たり前ですが、それだけでは完璧な仕事はできません。

大切なのは準備段階から集中するということです。

むしろ、集中すべきなのは準備段階のほうだと言いきってもいいくらいです。

完璧な準備ができていれば、本番では自然と思考が働き、体が動き、いい結果がもたらされます。私はインプラント手術をしていて、いつもそれを実感しています。

ところが、周囲を見渡すと、本番での成功は欲しがるのに、準備にだらだらと時間をかけたり、気持ちが入っていなかったりという人がいます。

あなたは大丈夫でしょうか?

大リーガーのイチロー選手はこんなことを言っています。

「準備とは、言い訳の材料になりうるものを排除していくことだ」

野球の天才は準備の天才でもあるのです。

あなたは仕事がうまく進まないとき、つい、言い訳の材料を探していないでしょうか？

それはすべて準備不足からくるのです。

たとえば企画の提案をした上司に、「これは詰めが甘いのではないか」「このデータは古いのではないか」などと指摘されたとき、「時間がなくて」「いいデータが見当たらなくて」と言い訳することは簡単です。

しかし、そんな言い訳をしたところで、あなたが中途半端な準備しかできなくて、中途半端な成果しか得られないことに変わりはありません。

結果は、準備段階からどれだけ集中力をもって取り組めたかで、大きく変化するのです。

「超・集中状態」になるための心得
4

あなたがうまくいかない原因の9割は、準備不足です

そもそも集中とは何か？

結果の善し悪しは本番だけでなく、準備をはじめたときからの集中力で決まります。

では、「集中」とはそもそも何でしょうか？

「ある行為に対して脇目もふらず没頭している状態」

そんなイメージを抱くでしょうか。

でも私は、そういう状態よりも、**「結果を出すための取り組みそのもの」**という言い方のほうがしっくりします。

その一つの例を挙げてみます。

いま、私はスポーツジムに定期的に通っていますが、最初に「3ヵ月間で体重を7キロ、体脂肪を6％落とす」という目標を立て、その期間中は、仕事も含めた私のスケジュールすべてをジム最優先に組み替えました。

そして3ヵ月後、目標ぴったりの数字を出すことができ、トレーナーも「すごくストイックな人だ」と驚いていました。

このように「体重と体脂肪を落とす」という目標を立てて、それを「3ヵ月間」で達成するという期限を設け、「絶対に成果を出すのだ」という強い意志を持ち、結果に向けて自分の行動を組み立てたのです。

成し遂げたいことを最優先におけば、人は自然と集中するものです。

集中することで最短・最速・最大の結果を生み出すことができます。

トレーニングでもこれだけの効果が出るのですから、ビジネスであればどれだけの結果が出るでしょうか。

あなたが企画書や提案書を書くとき、同じ出来栄えのものを半分の時間で仕上げられたとしたらどうでしょうか。

余った時間で、もう一つ、企画案Bが書けるかもしれません。

もちろん書き上がった提案書をもう一度精査し、さらにクオリティを上げる作業にあててもいいでしょう。

集中力の発揮は単に一つひとつの仕事の出来栄えに影響するだけではありません。ビジネスにおいて集中力は利益の大きさに直接かかわってきます。

集中力は利益に直結する

私が携わる歯科医師の仕事であれば、集中力が10倍、20倍の利益を生み出します。

歯の治療はふつう週1回程度のペースで進みます。

たとえば月4回で治療費が10万円の患者さんがいるとしましょう。

治療に要する時間が10ヵ月間とすると、合計額は100万円です。

私ならその治療が1ヵ月間で終えられないかと考えます。

先ほど、私のところに来院する患者さんは海外も含め遠方の方が多いと説明しました。

患者さんにとっても10ヵ月間ではなく、1ヵ月間で治療が終わるのであれば、こんなうれしいことはないでしょう。

早い治療は、患者さんにとっても大きなメリットなのです。

私の医院はインプラント治療に力を入れています。

インプラント治療は保険適用外ですから、治療費は高額になりがちです。

治療範囲によっては、それこそ高級外車1台が買えるくらいの額になることもあります。

遠方から来る患者さんはそれに加えて交通費や宿泊代もかかります。

そう考えれば、ほかの医院で10ヵ月間かかる治療を1ヵ月間で終了するのは、顧客満足度を高める付加価値の高いサービスであるといえます。

そのうえ集中力を発揮することは、医療サービスの質の向上にもつながります。

治療にかける時間が短くなれば、その分、治療の周辺に目を配ることができます。

患者さんの要望にしっかり耳を傾け、質問されたときは丁寧に答える余裕もできます。

治療に向けたスタッフの準備は完璧かと確認するとともに、スタッフに成長のためのアドバイスを与える時間も持てます。

その結果、医院サービス全般の質が向上し、そのことが患者さんを惹きつける魅力となるのです。

そのように、現状よりも集中することでもたらされる効果を知り、準備段階から完璧な取り組みをしていくことが必要です。集中して最速の仕事をすれば、すべてがうまくいくのですから。

「超・集中状態」になるための心得
5

「この仕事を最短で終わらせるには?」と、常に考えましょう

気が散らないための仕組みをつくると、スピードが上がる

「いまでも忙しいのに、なぜさらに仕事を増やすことができるのですか？　どうやって時間管理をしているのですか？」

これは私が主催しているセミナーで最も多い質問の一つです。

多くの人は時間管理がうまくできず、思うような仕事ができないという悩みを抱えています。

私の答えは、いつもこうです。

「同じ時間でできる仕事の量にそれほど変わりはありません。おそらく見えない仕組みをつくるのがうまいのでしょう」

いま、多くの会社が「働き方改革」に取り組んでいます。

多様な働き方を認めることによって、生産性を向上しようというのが働き方改革の大きな目標です。

働き方改革の波が押し寄せてきたことで、会社は残業を減らし、長時間労働はできるだけ避けるようになりました。

その一方で、成果はこれまで以上のものを求めています。

当然、いままでと同じ時間当たりのパフォーマンスでは、残業時間を減らすと成果も減ってしまうのが道理です。

だから生産性を上げることにポイントが置かれます。

しかし、私はそこに大きな矛盾を感じています。

なぜなら、「業務時間の8時間でいままで以上の結果を出せ」と言われて、そのとおりになるのは、これまでよほど楽に仕事をしてきた人だけだからです。

いままで目いっぱい仕事をしてきた人にとっては、これ以上生産性を上げろと言われても無理な話ではないでしょうか。

時間管理に悩むビジネスパーソンたちは、単なる働き方改革の掛け声だけでは解決できない環境におかれているのです。

私の周りの成功者たちの行動を見ていると、確信できることがあります。

「一番成果を出している人は、一番働いている人」

私の知っている成功者たちは、「寝食忘れて働く」という言葉どおり、皆よく働きます。楽をして成功している人は一人もいません。私の周りの人たちだけの共通項ではないと思います。

だから成果を出すには、「8時間だけというように区切りを決めた働き方はしない」ことです。

「でも……」とあなたは言うでしょう。会社がそういう働き方は認めないし、長時間労働が続けば健康にも害をなすと。

たしかに、あなたのおかれた状況を考えるなら、それらを考慮しなければなりません。違う方面からのアプローチが必要でしょう。

一つの解決法が、時間管理を妨げている障害を取り除くことです。

ゴールの妨げになるものは、迷わず捨てる

私が大学院に進んだときのことです。「最高の歯科医師になりたい」と思っていましたから、大学院は最短の4年で修了したいと考えていました。先輩たちを見ると、当時6～7年かかっていましたが、それだけの期間をかけることをよしとしてしまったら、「最高の歯科医師」になることなど到底かなわないと考えました。

そこで私は、当時6年はかかると言われた大学院を4年で修了するという目標を立て、**これを実現するために「人づき合い」をやめることにしました。**

その最たるものが「飲み会」です。博士課程に進むとすぐ、周りに「お酒は飲めない」と宣言しました。きっと「つき合いの悪いやつ」と思われたでしょうが、私の優先課題は「4年間で大学院を修了すること」です。つき合いはその障害になります。

おかげで、その4年間は研究に没頭でき、論文を3年半で書き上げて、きっちり4年で修了しました。

いまでも不要な飲み会には行きませんし、業界団体とのつき合いも最低限に抑えていま す。私のいまの優先課題は「歯科医師として最高水準を維持すること」であり、「作家として読者の悩みや課題に応え、その人に成功者になってもらうこと」です。

なれ合いの飲み会に出たり、顔を売るための集まりに出たりする必要はないのです。「顔でも出しておこうか」といったん気を緩めて、不要な宴会に出てしまうと、その次からは二次会にまでつき合うのが当たり前になり、とめどなく無意味な時間を過ごすようになります。それが怖いのです。

もちろん、お世話になった方が主催する宴会にご挨拶しに行ったり、日ごろつき合いのある出版社の人と懇親を深めるために食事したりということはあります。

しかし私のつき合いはその程度であり、基本的につき合いを排除するスタンスはいまも昔も変わっていません。本を読んだり、ものを考えたりする時間が、飲み会でつぶされてしまうのは何とももったいないことです。

「絶対に一流になる」という強い思いを持ち、そこに至るまでの道筋を描き、少しでも邪魔をすると思うことは排除する。そういう仕組みをつくれるかどうかが、成功できるか否かのわかれ目になります。

目標に向かって真っすぐに突っ走っているときは、集中力が持続します。

逆にいえば、目標があいまいなとき、あるいは目標達成に向けてやるべきことをやっていないときは、集中力に欠け、気が散る状況を生み出してしまいます。

もう一つ、私の仕組みづくりで重要なのが、周りの協力を得るということです。

どんなに驚異的な集中力をもってしても、その成果はやはり一人が出す成果の範囲を超えません。私がもしほかの人から見て、かなりの量と質の仕事をしていると思われているとしたら、それは歯科医としてはスタッフたちが惜しげもなく力を貸してくれ、作家としては出版の過程でいろんな人が献身的に支えてくれるからです。

私が結果を出すために、周りの人たちが真剣になって協力してくれるからこそ、一人が出す成果の何倍、何十倍もの成果が出るのです。歯科医の仕事も作家の仕事も、私一人の集中力ではなく、何十人もの集中力の集積であると言えるでしょう。

もちろん協力してくれる人に対しては誠実に接しています。

たとえば、私の本をプロモーションしてくれる人がいます。その人と一緒に全国の書店などを訪ねて販促のイベントをおこなうことがあります。

前の日の夜遅くまで仕事をしていて、朝一番の新幹線に乗り込んだときなど、車内でひと眠りしたいと思うこともあります。しかし、私の本を売ってくれる人より先に寝ることは絶対ありません。

ささやかなことかもしれませんが、そういう気づかいの積み重ねがなければ、周りも私に協力してくれないと思うのです。

あなたも成功を勝ち得たいのであれば、そのための仕組みをつくってみることです。仕組み化こそが集中力を発揮して、最速・最短・最大の結果を出す一番の近道になります。

次の章では、集中力と成功の関係について、さらに詳しく説明したいと思います。

Chapter 2

パフォーマンスが劇的に上がる「超・集中状態」とは

2 Chapter

この章のポイントは、成果を出すために必要な「超・集中状態」とはどういうものかを押さえることと、それを日常的に使いこなすコツを獲得することです。

たとえば、あなたの心や行動に迷いが生じると「超・集中状態」は生まれず、当然、大きな成果をあげることも叶いません。では、どうすればいいのか？　そもそも、なぜ迷いが生じてしまうのか？　その答えをこの章で明確にしていきます。

さらに、強制的に「超・集中状態」に入るための秘訣もわかります。

ビジネスに携わっていると、無理にでも集中して仕事を仕上げなくてはいけない場面が必ずあるでしょう。「超・集中状態」になるために必要な「内発的動機」「使命感」といった基本的な考え方に加え、ちょっとした〝仕掛け〟も知ってほしいと思います。

究極の集中力が、成功への鍵となる

人は極度の集中状態に入ると、高いパフォーマンスを発揮できると言われます。

そのような状態は、「フロー」や「ゾーン」と呼ばれます。

フローは一定時間、高い集中力を維持している状態です。

たとえば、「朝から企画書づくりに熱中していて、お昼ご飯を食べるのを忘れていた」「夜、寝床に入ってミステリー小説を読んでいたらあまりにおもしろくて、読み終わって窓の外を見たら白々と夜が明けていた」といった経験をしたことがあれば、それはフローを経験したということです。

これらの例は、いずれも何かに没頭し、ふと気がついたら何時間も過ぎていたという状態です。その間は、高いレベルのパフォーマンスを発揮できる状態が続きます。

また、周りの音が聞こえないくらい没頭した結果、まるで川が流れるように時間が過ぎ去ります。こうした集中状態を「flow（フロー＝流れ）」と呼ぶのは、そんな理由からです。

それに対して、ゾーンは一点集中型の集中状態です。

ときにフロー状態のなかの「極限の集中状態」と位置づけられることもあります。

ゾーンはよくスポーツの試合などで使われる言葉です。野球やサッカーの番組のなかで、「よくここで1点取りました。ゾーンに入っていたのでしょう」といった解説を聞いたことはないでしょうか？

プロ野球選手がホームランを打ったときに「ボールが止まって見えた」とか、Jリーガーが「蹴る直前、ボールがゴールに飛び込むコースが見えた」というのは、まさにゾーンに入っている状態です。

日々、厳しいトレーニングを重ね、高度なテクニックを身につけたスポーツ選手だからこそ、勝負どころで一瞬にして極限の集中状態をつくり出せるのだと考えられます。

そんなときに繰り出されるパフォーマンスは芸術的であり、神業と呼びたいほどのすご味があります。

「超・集中状態」とは何か?

このように、スポーツ選手の集中力を例にとると、高い集中力を維持しているフローの状態と、ここぞというときに爆発的な力を発揮するゾーンの状態との違いが明確にわかります。ですが、私たちの集中力について考えるとき、フローとゾーンの違いを厳密に切り分ける必要はないでしょう。

そこで私は、高いパフォーマンスを発揮できる状態を、フローとゾーンを区分けせずに「超・集中状態」と言っています。本書でも、この「超・集中状態」によって、いかに成功に近づけるかを説明していきたいと思います。

「超・集中状態」が最高の仕事を生み出す

私たちも「超・集中状態」に入れば、高いパフォーマンスを発揮して、いつもより大きな成果を獲得することができます。

たとえば、習っているギターの訓練を来る日も来る日も重ね、発表会で舞台に上がったら、あっという間に演奏が終わり、聴いてくれていた知り合いから「とてもよかったよ」と言われるような経験です。

あるいは、何週間も前から綿密に準備してきたプレゼンテーションが、本番でよどみなくスムーズに進み、スピーチも滑らかで聴衆の関心を引きつけたという経験です。

本人にとってはあっという間のできごとですから、何を話したか覚えていないかもしれません。しかし、プレゼンを終了した後、聞いてくれていた人から「内容も話し方も、とてもよかった」と言われ、初めて成功したのだと気づくのです。

いずれにせよ、**高いパフォーマンスを発揮できたのは「超・集中状態」にあったからです。**

「超・集中状態」がふだんの仕事のときも発揮されればいいのですが、「超」どころか、すぐに集中力が途切れてしまうのが実際のところではないでしょうか。

今日中に仕上げるつもりだった企画書が就業時間中にできあがらず、結局明日に持ち越してしまうという経験は、誰にでもあるでしょう。

むしろ、日々、そんな状況を繰り返しているのではないでしょうか。

中途半端な仕事では、集中力は育たない

どうして集中が続かないのでしょうか。

仕事以外のことに気を取られていた？

仕事はしていたけど、自分の見込み違いだった？

これは自責的な原因分析ですが、知らず識らずのうちに他責で原因を考えてしまう人も

少なくありません。

たとえば、「上司は自分ばかりに仕事を言いつける」「こんな仕事はおもしろみを感じない」「今日中にできる分量じゃない」などです。

こういう状況では、仕事にかかる前から、「どんな仕上がりでも、やっておけば文句がないだろう」という気持ちが生まれてしまいます。

最初からそんな状態では、集中力が生まれるわけがありません。

私は前章で「誰にも文句を言われないくらい完璧な仕事をしよう」と考えるようになった経緯をお話ししました。そして、そう思うと自然と集中力が高まるのだと説明しました。

完璧な仕事を目指すのは、私の職業が歯科医師であることも関係していると思います。

もしも私がインプラントの手術中に「今日はここまで結構がんばったから、あとは適当に縫っておいてもいいだろう」と考えたらどうでしょうか。あるいは、「今日はこのくらいにして、残りは明日に回そう」と思ったとしたらどうでしょうか。

そんなことがあると患者さんはたまったものではありませんし、私の信用もガタ落ちで

「超・集中状態」になるための心得
8

「完璧な仕事をする」という強い思いが「超・集中状態」を生み出します

す。それ以前に、歯科のプロフェッショナルにとって中途半端な仕事はあり得ないのです。最高の仕事を目指さないことなど考えられないし、むしろ完璧な仕事をすることが私の義務であると思っています。

そう思った瞬間に集中力が生まれ、手術をしている間、ずっと「超・集中状態」を維持することができます。

インプラントの手術は一つとして簡単なものはありません。難しい手術ほど時間がかかります。インプラントを埋め込む土台となる骨が想定以上に薄く、困難を極める手術も数々経験してきました。

そんな場合でも、「患者さんが私を選んだことを絶対に後悔させない」という思いをもって、最後の一針まで丁寧に、丁寧に縫合していきます。

そのとき、私はまさに「超・集中状態」にいます。

ただ淡々と、結果だけにフォーカスする

目標を達成するためにがんばるのは当たり前です。

仕事で評価されるのはあくまでも「結果を出す」ことであり、その結果の「クオリティの高さ」です。

あなたが営業パーソンであれば、「1日10人のお客さまに会う」というように、営業機会をできるだけたくさん設けることが、がんばりです。

そのことによって「1000万円の売上になった」、あるいは「お客さまとの絆を深くし、新しい注文をいただいた」というのが結果ということになります。

ビジネスでは、この結果の数値によって自分の評価が決まるのは言うまでもありません。

しかし私は、「絶対に結果を出すのだ」という強い思いによって湧きおこるがんばりが、

結果に大きな影響を及ぼすと考えています。

「恥ずかしい」「みっともない」は捨てる

私が最初の本を出版したときが、まさにそうでした。

そのとき私は**「Amazonで総合1位になる」**という目標を立てました。

そう思ったものの、著者としてはまだ無名ですし、出版業界の知識もまったくありませんでした。どうやったら1位になれるか、確信を持てる方法がわかりませんでした。しかし、やれることはやってみようと思いました。

私はメールのアドレス帳を開き、知り合いすべてに出版を知らせるとともに、「よかったらレビューしてください」と書き込みました。診療の合間や診療が終わってから、パソコンの前に座り、夜中まで一心不乱にメールを送り続けたのです。

すべてのメールを送り終わるまでに数日かかったでしょうか。

最後のほうは、メールを書きながらうつらうつらとし、**「まだ指が動いているじゃない**

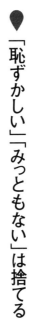

か。まだ指がすり減っていないじゃないか」と自分がイライラしている夢で、ハッとして起きるほどでした。

そのかいあって、総合1位を取ることができました。

146時間にわたって、私の著書がAmazonの書籍販売ランキングで総合1位になったのです。

私のこういう行為を「みっともない」「情けない」と思いますか？

私は自分が欲しい結果を取りに行くとき「恥ずかしい」「遠慮する」といった感情はまったくありません。

理由はきわめてシンプルです。

どんなことをしても、その結果が欲しいからです。

もちろん、「どんなことをしても」と言っても、法律に触れることや公序良俗に反することは当然しません。

「Amazon総合1位になりたい」と思ってメールを書いていた私は「超・集中状態」にあったはずです。

また、出版社主催の500名の収容ホールでの出版記念講演会のときも、躊躇なく結果を取りに行きました。

この出版記念講演は、参加チケットを書店レジでしか購入できないというルールがあり、聴衆を集めるのが少し難しい仕組みになっていました。

私は外に出て、夏の太陽がじりじりと照りつけるなか、講演会を案内するビラを一生懸命配りました。

出版社の社長が来て、「著者だから、そんなことしなくてもいいよ」と言ってくれたのですが、私の本を宣伝する講演会です。

自らビラ配りするのは当然だと思っていました。

「著者がビラ配りするのはおかしい」

「私ならそこまでしないな」

あなたはそう思ったかもしれません。

私は講演会にたくさんの人を呼びたくて必死でした。

そういう必死な状態もまた「超・集中状態」の一種と言っていいでしょう。

もしかしたら、その日、一番ビラを配ったのは、出版社の方たちではなく私だったかもしれません。おかげでホールは満員になりました。

「超・集中状態」になるための心得
9
得たい結果のためならどんなことでもするという覚悟が、集中へのトリガーになります

あなたは「成功したい」と願っていながら、「恥ずかしい」「遠慮する」といった感情が邪魔をして、やるべきことに本当に集中していないのではないですか？

「恥ずかしい」「遠慮する」といった感情は、「超・集中状態」に入る際に最も邪魔になるものの一つです。

真剣に結果を得たいと思えば、恥ずかしさも遠慮も忘れ去ってしまうはずです。

動機を自分で見つける

私のインプラント手術の話や、Ａｍａｚｏｎ総合1位の話を聞いて、あなたは「超・集中状態」に必要なのは、「何としてでも結果を出したい」という心の内側からわき上がってくる欲求、情熱であると気づいたはずです。この「内発的動機」こそが、「超・集中状態」を生み出す源泉であることは間違いありません。

自分が本気で求めているなら、どうして力を出し切らないのでしょうか？

私は一日の仕事を終え、自宅に戻って玄関の前に立ったとき、自分に大きな不満を感じることがあります。

「なんだ、まだ自分は立っているじゃないか。倒れるまで仕事をしていないじゃないか」

そんなふうに思うのです。

一日中、全神経を集中させ、最高の仕事をやり遂げ、自宅の玄関の前で倒れる。それが私の理想なのです。

少し極端な例になったかもしれません。しかし、それくらい情熱を傾けないと成功は引き寄せられないと知ってもらいたいのです。

内発的動機で思い出すのが、先日、私の講演会を撮影してくれたカメラマンから「先生は疲れないのですか？」と聞かれたときのことです。

１０００人規模の聴衆を前に開催された講演の終了後、私は近くのレストランで催された懇親会に出席し、参加者の質問にずっと答え続けていました。

そんな私を講演開催前から見ていたので、「疲れないのですか？」という言葉が発せられたのです。

講演が終わった後も、休むことなく語らい続け、精力的に動き回る私を見て、「どこからそのエネルギーが湧いてくるのだろう」と不思議に思ったようです。

しかし私にとってはごく当たり前の行動に過ぎません。

講演会や懇親会を開く目的は、集まってくれた人に「圧倒的な感動や学び」を与えたいからです。と同時に、こういう場は、私という人間を知ってもらう、またとないチャンスでもあります。

だから、ほんのわずかであっても手を抜くなどという考えは生まれません。

100％集中し、100％結果を出すのみです。

私はこういう大きな講演会だけでなく、小規模なセミナーでも一切、手を抜きません。午前10時から午後4時までのセミナーの時間は、参加者のための時間だと思い、参加者がランチを取っている間も、私はコーヒーを飲みながら質問に答え続けます。6時間の間、まったく休憩なしです。

私の様子を見ていて、やはり「休憩も取らずに、ずっと質疑応答していますが、先生は疲れないのですか?」と疑問を投げかけてきたり、気づかったりしてくれる参加者もいます。

しかし、決して安くはないセミナー受講料を払って来てくれた参加者に対して、一瞬たりとも気を抜くことは考えられません。そう思うと、実際、疲れも感じないのです。

外発的動機から、内発的動機へ

このように私の思考、行動はかなりの部分が、内発的動機から生まれてきているように思います。

あなたがふだん仕事をしているときの動機はどうでしょうか？

上司に命じられたから？

課の売上目標を割り当てられたから？

会社で働くときの動機としては、どうしても外発的動機が中心になりがちです。

上司は「創造的な発想を」「自分がやりたいことを」と言うかもしれませんが、それは「私が出した目標をクリアした後でね」という言外の意味があるものです。

もちろん、そんな事情をあなたは知っているでしょう。

だから、つい「とりあえず言われた仕事をこなしておこう」「目標額を1円でも超えればいいや」という発想になってしまうのです。

同じものごとを成すにしても、内発的動機と外発的動機では結果がおのずと違ってきます。仕事に取り掛かっているときの集中状態が違うので、仕方がないのです。

ならば、どうやって外的動機を内的動機に変えてやるかが重要ではないでしょうか。

たとえば、「上司と約束した数字はあるけど、自分が過去に出した売上最高額を超えてみよう」でもいいでしょうし、「与えられた仕事ではあるけど、上司に文句ひとつ言わせないほど完璧な仕事に仕上げよう」でもいいと思います。

要は、他人から言われた仕事の価値をあらためて考え、自分にとってはどんな価値がある仕事なのかを明確にすることが重要なのです。

そうすると、ぐっと集中して仕事に取り組めるでしょうし、結果が出れば当然、評価も高くなります。

「超・集中状態」になるための心得
10

「上司に文句を言わせない仕事をする」と考えると、自発的に集中できます

「2日間で14名」のインプラント手術という結果

この章の冒頭でもお話ししたとおり、私は「超・集中状態は単純にフローとゾーンに区分されるものではない」と思っています。

Amazon総合1位を取ろうと必死にメールを書いたり、500人のホールを満員にしようと懸命にビラを配ったりといった状態はフローやゾーンに当てはまらないかもしれませんが、一種の「超・集中状態」だったと言ってもいいと思うのです。

私的にはむしろ、「ホットな超・集中状態」と「クールな超・集中状態」が存在する気がします。 Amazon総合1位やビラ配りのように、どんなことをしても現状を突き破ろうとするのが「ホットな超・集中状態」で、私がふだんインプラント治療をしている間の集中力は「クールな超・集中状態」ととらえられます。

「クールな超・集中状態」においては、たとえば自分が手術をしている間、もう一人の自分が天井あたりにいて、ずっと見つめているイメージがあります。もちろん、霊的な話ではありません。

わかりやすい例として、私が2日で14名の患者さんのインプラント治療をおこなったときの話をしましょう。

一口にインプラント治療と言ってもさまざまあり、比較的短い時間で終わるものもあれば、優に1時間を超える手術まであります。

ただし、かかる時間が短いからといって簡単な手術はどれ一つとしてありません。口内のデリケートな部分を相手にする仕事ですから、常に緊張を強いられ、集中しなければ仕上がりがよくなりません。それだけに、多くの歯科医師は1日2名か、せいぜい3名までしか手術を入れないものです。

そんななか、私は定期的に集中した手術をおこないます。

「自分の限界を超えたい」という思いがありますし、やりきったときの自信が次の仕事につながるからです。大半の歯科医師からすれば「無謀だ」「無茶だ」「できるわけがない」

というほどの手術数です。しかし私は自分のなかにそういうリミッターを設けたくありません。限界を振りきるための挑戦なのです。

もしかしたら、「1日2名を7日連続で手術すれば同じではないか」と考える人がいるかもしれません。しかし、それは常識内の手術です。

私は世界のどの都市に立っても、「このなかに2日で14名のインプラント治療をした歯科医師はいますか？　そんなことができるのは私しかいません」と、堂々と宣言できる確信を得たいのです。

これは「最高の歯科医師になる」という目標に対する、自分への評価基準となります。

まるで機械のように、ブレずに行動する

2日間のインプラント治療は、ざっとこんなタイムスケジュールになります。

まず、朝8時にスタッフと当日一日の打ち合わせをし、1人目の手術が始まるのは9時

からになります。手術と手術の間は、少し時間を空けます。2人目の手術の準備をする必要があるからです。そうやってインターバルをはさみながら手術は進み、7人目が終わるのが夜中の2時くらいです。それで1日目が終了します。

2日目も1日目と同じタイムスケジュールを繰り返します。朝9時に治療がスタートし、最後の患者さんの手術が終わるのは、やはり夜中の2時ごろになります。

14人の治療のどれ一つをとっても「超・集中状態」にあります。

周りから見れば、じつに淡々と手術しているように見えると思います。自分でもまるで操り人形のように、自動的に手が動いている感じがします。感覚も非常に鋭くなり、患者さんが感じているであろう、切開したときの血の生温かさまで感じます。

手術の間中、集中力にはまったく波がなく、ずっと高い状態が維持されています。まるでさざ波一つない湖面のような集中状態です。

インプラントの手術において、ゾーンのような「ここが勝負」という場面はありません。徹頭徹尾、クールな集中状態のなかで最高のクオリティで治療を進めていくことが、最高レベルの仕上がりへとつながっていくのです。

ただし、私は一人の歯科医師でありながら、手術全体をコントロールするディレクターでもあります。目の前の手術の出来栄えだけでなく、スケジュールの進行具合やスタッフの動きにも気を配る必要があります。

一つのことに集中すると、ほかのことを忘れてしまうといったことはよくあることかもしれませんが、「クールな超・集中状態」になると、手もとをしっかりと把握しながらスタッフの動きもすべて見えているのです。

将棋のプロ棋士は、次の一手に集中しながらも、盤面すべてを見渡し、大局から勝負の流れを見ているそうですが、それに近い集中力かもしれません。

「集中している自分」を、「もう一人の自分」が見ているような感覚を持つと、イメージがしやすいはずです。

「超・集中状態」になるための心得

11

「集中している自分」を俯瞰して見る意識をもつと「クールな超・集中状態」に入れます

「超・集中状態」を維持する、準備の重要性

私は最近、2日で14名というこれまでの手術数を超え、2日で15名の手術に臨み、成功しました。

それによってまた一つ、限界を打ち破った思いです。また、確かな自信にもなりました。

しかし決して無理をしたわけでも無謀なことをしたわけでもありません。

いままで以上に力を入れたとすれば「準備」のところです。

2日で15名の手術に臨むと決めたとき、いつもと同じように手術の手順をフローチャート化しました。

「この状況が起きたら、こういう処置をする」

「次にこうなったら、この対処法で切り抜ける」

……というように、起こりうるすべての状況に応じて判断できるように考えた、フローチャートです。

私の場合、フローチャートなしでは「超・集中状態」に入れません。

手術中に一つでも曖昧な要素や、ちょっとした判断の迷いが生じたとき、集中力が途切れてしまい、完璧な仕事ができなくなるからです。だから、まったくためらうことなく最後まで手術を進められる〝手引書〟が必要なのです。

想定外も想定内

あなたは、「想定外のことが起きたらどうするのですか?」と聞くかもしれませんね。

じつは「想定外」も私のフローチャートのなかに入っています。

実際に、インプラント手術をしようと切開したものの、土台となる骨が失われていたため、骨を造成することだけをおこない、終わるケースがあります。

フローチャートは常にＰＤＣＡ（計画・実行・確認・改善）を繰り返しますから、最初、想定外であったことも、次のフローチャートでは一つのケースとして取り込まれ、フローチャートは進化します。ですから、**フローチャートにこれといった定型はありません。**

あなたもぜひ、自分のつくりやすいようにまとめてみてください。最初はA４用紙に簡単に、想定される状況をメモするくらいでもいいかもしれません。

宇宙飛行士の世界では、隠れたリスクを徹底的に洗い出し、それに対応するために複数の解決策を想定しておくそうです。私たちの仕事も、それに少し似ている気がします。

歯科医師も人の身体に関わるリスクの多い仕事ですから、手術する前にリスクやトラブルへの対処法を考えておかなければいけないのです。

15症例を成功させるためには、完璧なフローチャートを作成したうえで、シミュレーションを繰り返します。この手術前のシミュレーションが実際の訓練と同じ役割を果たし、本番での「超・集中状態」につながります。

そのあたりはアスリートのトレーニングと同じでしょう。

たとえばサッカーのゴールキーパーは、相手がキックする瞬間にはボールの軌道に向けて身体が動いているそうです。蹴ってからボールの方向を確かめて動いていては止めることはできません。相手の蹴る動作を見て脳が反射的に身体を動かしているのです。

このような超越的な動きができるのも、実践を想定したトレーニングを繰り返しているからです。

最高のパフォーマンスは、すでに練習のなかにある、と言っていいでしょう。トレーニングによって、取るべき動作がそれと意識されないくらい身体に染みつくのです。

トレーニングが完璧なら、本番では訓練どおりにやればいいだけです。「超・集中状態」を保ったまま、高いパフォーマンスを発揮し続けることができます。

「超・集中状態」になるための心得

12

フローチャートを準備することで、スムーズに集中できます

強制的に「超・集中状態」に入るテクニック

プロアスリートは意識して「超・集中状態」に入れると言います。

では、私たちビジネスの世界にいる人間はどうでしょうか？

私は、仕事に対する「使命感」が強ければ、「超・集中状態」に入ることができると思っています。

以前、私の医院に妊娠中の女性の患者さんが虫歯の治療に訪れました。

その方は薬に対するアレルギーがあり、虫歯を削って詰めるときに用いる一般的な薬が使えませんでした。

アレルギーを避けるために別の薬を代用しようと思っても、その薬はお腹の赤ちゃんに影響が出るおそれがありました。

患者さんは、「赤ちゃんに差しさわりがあったら心配なので、いっそ歯を抜いてください」と言います。

そのとき私は、

「子どもを守るためとはいえ、歯を抜くなんてあり得ない。なんとしても抜かない方法で治療してあげたい！」

という気持ちが生まれ、ぐっと集中力が増しました。

そしてほかの方法を見つけて、全力で治療にあたったのです。


「使命感」に燃える仕事はやり遂げると満足感が高いし、多くの場合、収入や名誉にもつながります。

先に述べたように、私の医院には遠方からわざわざ足を運んでくれる患者さんがたくさんいます。そしてインプラント手術で高級外車が購入できるほどのお金を払って治療を受ける人も少なくありません。

高額な治療費はイコール困難な症例であるケースが大半です。

「患者さんから、一生、感謝されるくらいの完璧な治療をしよう」

難しければ難しいほど、私の集中力は高まります。

あとは自然と手の動き、メスの入れ方、一針の縫い方、その一つひとつの動きが研ぎ澄まされ、静けさに満ちた感情のうちに手術が進んでいきます。

そういう治療は、患者さんから大変喜ばれる結果をもたらしますし、自分でも満足感に浸れます。

あなたにもそういう仕事をしてもらいたいのです。

私が再三、「一流を目指しましょう」「最高の仕事をしましょう」と強調するのは、人は「一流」「最高」を目の前にすると強い使命感が生まれ、自然と集中力が高まり、取り組む姿勢が違ってくるからです。

すると当然、いい成果が出ます。

いい成果が出れば、また「一流」「最高」の仕事が回ってきます。

それにともなって収入も上がっていきます。

ですが、インプラント治療のときのように自然と「超・集中状態」に入るのはまれです。自分で意図して「超・集中状態」をつくり出したいなら、**「使命感を持てる仕事を選ぶ」**ことが第一です。

「試合に勝つために、とんかつを食べる」はやめなさい

ただし、「超・集中状態」で仕事をはじめても、すぐに集中力が切れてしまっては意味がありません。そこで、仕事をしている間、集中を妨げる原因を取り除くことも重要です。ビジネスパーソンにとってはむしろ、集中力を途切れさせないようにするほうが大切かもしれません。

まずは準備です。

ここまでお話ししたように、本番に向けてしっかり準備し、繰り返しシミュレーションしておけば、本番では集中力を切らすことがないでしょう。

それから本番中は、集中力に悪い影響を与えるものを排除します。

私が2日間で15名のインプラント治療をしたときのことを例に説明しましょう。

15名は初めての経験です。

しかし、いつもと変わらない時間に起きて、同じような朝食を取り、医院に入ります。特別な日だからといって、特別な食事をとることはありません。

よく、アスリートが試合に勝つために、とんかつなどを食べる縁起担ぎがあります。

しかしビジネスパーソンがそれをマネするのはどうでしょうか。

いつもと同じ過ごし方のほうが「超・集中状態」に入りやすいと私は思います。

手術と手術の間にはインターバルがあるということを先ほど述べました。

そのインターバルの過ごし方にも気をつけました。というのも、大人数の手術を実施するときは、ほかの歯科医師や企業の人たちが何人も見学に来ます。

その対応をすることが集中を妨げると考えたのです。

このときはあえて見学者とコミュニケーションはとらず、スタッフにすべての対応を任せます。

そして、手術が一つ終わるごとに医院内の自分の部屋に入るか、インターバルが比較的長いときは医院から程近い自宅に戻って、ほかの人との接触を断ちました。

こうした行動をとったのは、以前の反省からです。

一度、気の抜けない手術のときに、たまたま来ていたお客さまの対応をしていたら具合が悪くなってしまったことがありました。

治療をすべて終えた翌日、病院に駆け込むほど体調が崩れたのです。

このとき、「人と話したり、相手をしたりするのは、思った以上にエネルギーを使うのだ」ということを実感し、大事な手術のときのお客さまの相手は、スタッフに任せることにしたのです。

インターバルの間、院長室にこもっていても、外から人の話す声や、笑い声が少しは聞こえてきます。ですが、それはＢＧＭのようなもので、私の集中力にそれほど影響を及ぼしません。

「超・集中状態」になるための心得
13

「使命感」+「悪影響の排除」で、強制的に「超・集中状態」へ入ることができます

あなたも、大事な企画書を書くときは、オフィスを離れて空いている会議室にこもり、外部の雑音を遮って仕事をした経験があるのではないでしょうか？

オフィスで仕事をしていると、上司に呼ばれて、以前にやった仕事のことを聞かれたり、同僚から声をかけられて飲み会の誘いを受けたりといったことがしばしばあります。これでは集中力を保ちながらの仕事は無理でしょう。

ある一定時間、「超・集中状態」を保つためには、周りとの接触を断つ環境をつくることも一つの方法です。

潜在意識と「超・集中状態」の関係

「超・集中状態」に入ると、完璧な仕事を短い時間でやり遂げることができます。

前項で述べたように、2日間で14名あるいは15名のインプラント手術をしたとき、見学者から「井上先生は手術が速いね」といわれたのは、「超・集中状態」がもたらした成果です。もっとも、「超・集中状態」で手術をしている当人は、「超・集中状態」にある間のパフォーマンスがどんなレベルにあるかは実感できないのですが。

「超・集中状態」に入れる人、入れない人

講演会やセミナーの後の懇親会で、参加者からよく「私は『超・集中状態』に入った経

験がない」という話を聞きます。

あなたは「超・集中状態」に入れる人と入れない人では、どこが違うと思いますか？

最近の研究で、潜在意識が人間の思考や行動に大きな影響を与えていることがわかってきました。じつは、人間の意識の96％は潜在意識だと言われています。

私たちが日ごろ「意識」して何かに取り組んでいるとき、その「意識」は意識全体のたった4％が関与しているに過ぎないのです。

ここで強調したいのが、人間の意識の大半を占める潜在意識が「超・集中状態」に影響を及ぼしていることです。

私が主催しているセミナーでは、セミナーの後にアンケートを取るのですが、参加者の多くが「質疑応答に満足しています」という項目に○をつけてくれます。

私は、質疑応答に先立ち、参加者に質問を提出してもらうことはしません。どんな質問にも、その場で即興的に回答することにしています。

相手の質問を聞きながら、その人の表情や話し方から発せられるものを感じ取っているうちに、自然と口から言葉が出てくるのです。

目の前の人に対して「質問に答えてあげたい」という気持ちから「超・集中状態」に入り、潜在意識のなかから質問にふさわしい答えを導き出しているとしか思えないのです。

おそらく「超・集中状態」に入ると、人間同士のエネルギーの交換があるのではないでしょうか。相手のエネルギーを感じながら、潜在意識のなかから相手に必要な答えを引き出してくるわけです。だから同じ質問であっても、相手が違えば答えも違ってきます。だから参加者の心に響くのでしょう。

潜在意識というと何だか神がかった話、スピリチュアルの世界といったイメージを持たれるものですが、私は科学的な見地から潜在意識というものを考えています。

あなたが「超・集中状態」に入ることを望むなら、潜在意識のことも知っておかなければなりません。次章で「潜在意識とは何か?」「潜在意識が働くメカニズムとはどういったものか」を説明していきます。

「超・集中状態」になるための心得

14

潜在意識が「超・集中状態」に影響を及ぼすことを知りましょう

Chapter 3

潜在意識で、あなたの状態を自由自在にあやつる

Chapter 3

この章のポイントは、潜在意識とは何か、

そして潜在意識の無限の可能性とはどんなものかを理解することにあります。

いま、あなたは仕事を早く終えることや、「超・集中状態」と潜在意識がどんなかかわりがあるのだろうかと怪訝《けげん》に思ったかもしれません。

潜在意識は、それがポジティブな状態であれば、夢をかなえるためにフォローのパワーを送ってくれ、夢につながる行動に対して集中力を高めてくれる存在です。

逆に潜在意識がネガティブな状態にあると、夢の実現を邪魔する存在になってしまいます。

あなたが夢をかなえるためには、

潜在意識をいつもポジティブな状態に保っておくことが重要なのです。

では、どんな方法で？　その秘訣をこの章で展開します。

人生を変えた一筋の涙

あなたも「潜在意識」という言葉を聞いたことがあるでしょう。

しかし、潜在意識が持つ力について、どれだけのことを知っているでしょうか？

あなただけでなく、潜在意識が持つ本当の力について、正しく理解している人は少ないと思います。

私は20年間にわたり、ジョセフ・マーフィーやナポレオン・ヒルなどが説く、潜在意識を活用して成功を勝ちうる哲学に強く惹かれ、その教えを学び続けてきました。

潜在意識について学べば学ぶほど、その存在が私たちの思考や行動にとても大きな影響を及ぼしていることを知り、また自分の経験に照らし合わせてみると非常に納得できることに気づいたのです。

「この素晴らしい知識を、自分だけのものにしておくのはもったいない」

そう考えた私は、著書や講演、メールマガジンなどを通じて、「成功したい」と願う多くの人たちに潜在意識が持つ力について伝えてきました。

こうした活動は、やがて〝本家〟に高く評価されます。

米国ジョセフ・マーフィー・トラストから、「J.Murphy Trust Distinguished Scholar／Grand Master of Subconscious」として、世界で初めて認定されたのです。

この栄誉に応えるためにも、潜在意識の持つ力と正しい活用法について、さらに多くの人に伝えていくのが、私の務めだと思いました。

私がこの章で、あなたに一番伝えたいのは、**「潜在意識の使い方ひとつで、自分の望みがかなう」**ということです。

そんなことが本当に可能なのか？

もしかしたら、あなたはそう疑ったかもしれませんね。

しかし、これはスピリチュアルな夢物語ではありません。

潜在意識のメカニズムについては、科学的な解明が着々と進み、その力を活用した成功哲学も体系化されつつあります。

そして実際に、世界中の経営者、アスリート、政治家、研究者などが潜在意識を使いこなし、大きな成功を収めています。

ニューヨーク大学からの特例

私自身、潜在意識の力を知り、人生が変わった一人です。

過去には何度となく潜在意識の存在を感じることがありました。比較的早い時期に知覚したのが、ニューヨーク大学の研修プログラムを受けたときです。

私は大学を卒業したら海外でインプラントの勉強をしたいと強く思っていました。

しかし仕事やプライベートなどの事情で年月が過ぎ、だんだんと「実際に海外留学することは無理なのかな」と弱気になっていきました。

そんなある日、友人に自分の海外留学への思いを話している最中に、なぜだか涙が出てきたのです。

そのとき、「自分の夢をあきらめるのは、涙が流れ出すほどつらいことなのだ」とはっきりと気づきました。

結局、夢をあきらめきれず、何か手はないかと調べているうちにニューヨーク大学に2年間のうちに6回、現地でスクーリングを受けるインプラントの研修プログラムがあるのを見つけたのです。

といっても、まだ日本人相手には開かれていないプログラムです。

私はニューヨーク大学の研修プログラム担当者に問い合わせ、直接会って話をしたいと願い出ました。

そして、自分がこれまで治療してきた臨床症例を説明し、自分がどれほどニューヨーク大学で学びたいかを語りました。

すると副学長に取り次いでくれ、副学長からは、

「特例で研修プログラムに参加することを許可しましょう。インプラントで有名な世界中の先生たちから学んでみますか？」

と言ってもらえたのです。

「超・集中状態」になるための心得
15

涙を流すほど叶えたい夢があるか、自分を見つめて考えてみましょう

副学長から許可をもらったとき、夢をあきらめずに、しっかり行動すれば願いが現実化するのだな、それは日本もアメリカもないのだな、と思いました。

夢をあきらめようとしたとき、涙が出たのは潜在意識の中にある自分の思いとは逆の行動をとろうとしたからです。

逆に、ニューヨーク大学で学ぶ機会を得られたのは、潜在意識のポジティブなエネルギーが働いたからです。夢をあきらめず、思いに沿ってそれにふさわしい行動をとれば、たとえ前例がなくても、扉は開くのです。

これは私が、潜在意識の持つ無限の可能性に触れた一つのエピソードです。

潜在意識とは何か

潜在意識は特別な人だけが持っているものではありません。

誰もが潜在意識を持っているのです。

しかし、多くの人がそのことに気づいていません。潜在意識のことを正しく理解できれば、それを自由自在にあやつることも可能です。しかし、その存在に気づかないから、ほとんどの人が潜在意識を生かそうと試みることさえしていません。

では、潜在意識とは何でしょうか？

人間の意識は「顕在意識」と「潜在意識」とに分けられます。

海に浮かぶ氷山にたとえるとよくわかります。**海面上に見えている氷山の頂上部分が顕在意識で、海面下に沈んで見えない部分が潜在意識です。**

表層にあらわれている顕在意識は、全意識のなかではごくわずかであり、深層に潜っている潜在意識が大部分を占めているということです。人間の意識の96％は潜在意識と言われるほどです。

潜在意識の存在に初めて言及したのは、19世紀のオーストリアの精神科医、ジークムント・フロイトです。精神分析学という新しい学問を打ち立て、後の精神医学や臨床心理学などに大きな影響を与えた人物です。あなたも名前は聞いたことがあるでしょう。

フロイトが精神分析に用いた夢分析や、彼が生み出した「エディプス・コンプレックス」という言葉も知っているかもしれません。

フロイトが潜在意識に言及する前まで、人間は理性や知性でものごとを把握し、判断して行動していると考えられていました。

しかし彼は、臨床現場で患者をつぶさに観察していくうちに、人間の心には理性でコントロールできない部分があることを見つけ、科学的に証明したのです。

それが潜在意識という領域です。

潜在意識はそれとわからないかたちで、人の思考や行動に大きな影響を与えます。

昔から「虫の知らせ」とか、「火事場のバカ力」といった言葉があります。

おそらく潜在意識によって、人が自覚できない力が働いたときの不思議さを、昔の人がそう表したのだと思います。

あなたにはそんな経験はないでしょうか？

人間が自覚できる顕在意識は全意識のたった4％に過ぎません。残り96％を占める潜在意識をどう使いこなすか。そこに成功を手にするための鍵が埋まっています。

ときに人生を変えるほどのパワーを発揮する潜在意識。

あなたも、その正体に興味があるのではないでしょうか。

潜在意識とはエネルギーである

潜在意識に通じている人たちは、潜在意識を一種の「エネルギー」であると考えています。

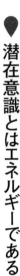

エネルギーは目には見えないが、たしかにそこに存在しているものです。

量子力学や宇宙物理学といった学問が、物質はすべて極小の素粒子《そりゅうし》からなり、その素粒子はまた波動であることを解き明かしました。素粒子の大きさは10のマイナス35乗メートルという、想像できないほどの小ささです。

量子力学が扱う超ミクロの世界では、すべての物質はかたちの決まった粒としてではなく、波のような性質を持つことがわかっています。

なぜそうなのかは解明されていませんが、この世界を構成するすべてのものは波動であり、エネルギーを持っているということです。

素粒子は宇宙のあちこちから地球に降り注ぎ、いまこのときも私たちの身体を突き抜けています。

ちなみに、私たちが学校で「万物は原子でできている」と習う原子を、全宇宙からかき集めてきても、全宇宙に存在するエネルギーの総量の4％程度に過ぎないそうです。

残る96％は人類にとっては未知のものから成り立っているだろうと言われています。

まだわからないという意味で、いまのところ「ダークマター（暗黒物質）」や「ダークエネルギー（暗黒エネルギー）」といった名称を与えられています。

私には、原子が４％、未知のものが96％という宇宙の構成比が、顕在意識４％、潜在意識96％という人間の意識の構成比にダブって見えて、不思議な感じがします。

単なる偶然でしょうか？

超ミクロの世界で、素粒子同士の作用によってエネルギーが生まれたり、力を交換したりしているということは、人と人、人と動物や植物など、あらゆる物質の間で常にエネルギーが行き交っているということです。

私たちの感情も、私たちのなかで完結するものではなく、エネルギーとして流れているものであると考えられます。

「ふと思い立って、久しぶりに実家に連絡してみたら、たまたま親が体調を崩していた」

「クルマで通勤している人が、何となく嫌な感覚があり、いつも使う道とは別の道に変えたら、通常使っている道でクルマの玉突き事故があった」

というような**「虫の知らせ」「予感」「霊感」と言われる感覚も、人と人、あるいは人と**

物との間でやり取りされているエネルギーの変化を敏感に察知した結果だと考えれば、納得できます。

潜在意識もまたエネルギーです。私の潜在意識は私だけのものではなく、エネルギーとして波のように流れ、宇宙すべて（宇宙の全エネルギー）とつながっている。そう見立てると、潜在意識は無限の可能性を秘めた力であるといえます。

やや話が壮大になったので、少しついていけないとあなたは思ったかもしれません。

ここでは、あなたの潜在意識が宇宙全体とつながり、無限の可能性を持っているのだということだけを知ってもらえれば十分です。

「超・集中状態」になるための心得
16
私たちは宇宙とつながっているという感覚を意識してみてください

なぜ、井上裕之の質疑応答は満足度が100%なのか？

次に、潜在意識について、もっと身近でわかりやすい考え方を提示しましょう。

私は、潜在意識を「知識と経験の貯蔵庫」と考えています。

そう実感したのは、セミナーを引き受けるようになってからです。

私のセミナーでは、「とくに質疑応答に満足した」という声を多数いただきます。

実際に質問していただいた方からは、「先生はまるで私の心のなかを読んでいるかのようです」と驚かれることがよくあります。そう感じる理由を尋ねると、質問した方が、そのとき抱えている不安や悩みを解消するような答えが返ってくるからだと言われました。

しかし、私は質疑応答の場で、「この人の悩みはこれだ」「それに対する適切な答えはこれだ」と論理的に考えているわけではありません。

セミナーで大勢の人に「わかりやすい」「おもしろい」「役に立つ」と思ってもらえる話をするのは簡単なことではありませんが、しっかりと事前準備をしておけば、セミナーの内容を練り上げ、聴いてくれる人の胸に響く話をすることは可能です。

加えて、声のトーンや身振り手振りなどについて、プレゼンテーションの訓練を受けたり、自分なりに工夫を凝らしたりすれば、いくらでも上達します。

しかし、質疑応答だけは違います。

即興で相手が納得するコメントをつくり出す力が必要です。

セミナーのテーマによって、「こんな質問が出るかもしれない」とある程度、予想することは可能かもしれませんが、回答を計画することは不可能です。

毎回、参加する人は違いますから、質問者がどんな不安や悩みを抱えているかを見通すことはできません。

ですから質疑応答は、いつも真剣勝負です。

たくさんセミナーを開いている人でも、「質疑応答は苦手だ」と言う人は多いものです。

でも、私は質疑応答で困った記憶がありません。

考える前に言葉が出ているという感覚なのです。

さらに言えば、**答えるべきことが自然とあふれてくる感覚があります。**

こんな話をすると、あなたは不思議に思うかもしれません。私自身、即興で質問に次々回答するとき、自分に潜在意識下の言葉があると感じています。

いったいどうしてだろうかと自分自身で考えてみたところ、次のような考えにたどり着きました。

潜在意識が、最適解を連れて来る

潜在意識は私のなかにある器のようなもの。

私がこれまでに学んできた知識や、いままでの経験はその器に蓄えられている。

質疑応答の場で私は、その器からその人、あるいは質問の内容にふさわしい言葉をピックアップし、回答をつくり出している。

もちろん、コンピュータのようにすべての知識と経験を正確に覚えていて、即座に検索しているわけではありませんが、自覚できなくても、そこに刻まれた記憶のなかから必要な知識や経験を検索し、引っ張り出してくる機能を持っているのではないかと考えています。

質問者と一対一で向き合うと、私の潜在意識が相手のエネルギーを感じ取り、知識と経験の貯蔵庫から最も適切な言葉や思考を送り出してくるのです。

ちょうどジャズの名プレーヤー同士が、相手の音と掛け合いながら素晴らしい即興演奏を繰り広げるように、私と質問者の間でもお互いを感じ合いながら質疑応答をしているのだと思います。その結果、相手から共感を得られるような答えができるのでしょう。

あなたにも、突然アイデアが浮かんだとか、インスピレーションが湧いたという経験はないでしょうか。それはあなたの潜在意識からのメッセージにほかなりません。

「超・集中状態」に入るうえで、まずはこのような前提条件があるということを知っておいていただく必要があります。

「超・集中状態」になるための心得
17
「身体が勝手に動いた」「言葉が意識しなくても出てきた」という感覚が大切です

できる人とできない人の違いは、潜在意識から生まれる

潜在意識は、幼少のころからの知識や経験の積み重ねによって形成されます。

それが思いもかけないところで顔を出すことがあります。

先日、知り合いの温泉旅館の女将さんが、おもしろい話をしてくれました。

女将の仕事は「お客さまに頭を下げることと、従業員を育てること」と言います。

だから、たとえ従業員から「口うるさい」と疎まれても、基本的な礼儀作法から日常生活の振舞いまで、気づいたことは伝えているのだそうです。


「この前も、厨房のスタッフが『まかない食をたくさんつくったから』と言って、事務のスタッフに差し入れを持ってきてくれたのに、

厨房にお礼を言いに行く子はほとんどいなかったの。
そういうときは『ごちそうさまでした。おいしかったです』と、
一言伝えるだけで、相手も気持ちよくなれるものよ、と教えたの。
いまの若い子、悪気はないんだけど、そういうところまで気が回らないのね。
でも、若くても、できる子はできるの。
いちいち教えられなくても、ごちそうになったら、
『ありがとうございます』と自然にお礼が言える子はいるものなのよ」

意識しなくても自然にお礼が言えるか、言えないか。
これがまさに潜在意識の違いです。

ふとした瞬間の行動をつかさどるもの

たとえれば、潜在意識とは、キャンバスの下地のようなものです。

真っ白な下地と真っ黒な下地、その上から同じ色の絵の具を塗っても、描いた絵はおのずと色合いが異なります。描き方によっては、絵の具と絵の具の隙間から下地の色が見えることもあるでしょう。

人間も同じです。

幼少のころに受けた親の教育や経験は潜在意識となり、キャンバスの下地のように大人になってからも影響を及ぼすのです。

何気なく発する一言や、ちょっとした立ち居振る舞いなど、本人が意識することなくかたちにしている思考や行動は、潜在意識から生まれてくるのです。

潜在意識は、人間の無意識の選択や行動をつかさどります。

本来、自分では直接制御できない無意識をコントロールしようと思えば、潜在意識を活性化させる必要があります。

哲学者ウィリアム・ジェームズのこんな名言があります。

心が変われば行動が変わる

「超・集中状態」になるための心得
18

どんな小さな親切にも、お礼を言いましょう

行動が変われば習慣が変わる
習慣が変われば人格が変わる
人格が変われば運命が変わる

人はいい潜在意識を持てば、自然に正しい選択、正しい行動ができるようになります。

その選択と行動の積み重ねが、あなたの運命を劇的に変えてしまうのです。

だから大もとの潜在意識を上質なものにすることこそが、成功への第一歩だと言えます。

潜在意識が未来の可能性を広げる

人間は、一つのことに気を取られて別のことが見えなくなることがよくあります。

たとえば目の前に川があり、その流れがあまりにもきれいなので、手を差し入れます。

「冷たい！」と感じた瞬間、それまで美しいと見ていた川の流れに対して意識が変わります。

一つの感覚が、ほかの感覚を覆い隠してしまうのです。

過去を気にするばかりに、未来が見えなくなるのも同じです。

生まれたばかりの赤ちゃんは過去を気にしたりはしません。未来だけを見て、一つひとつ経験を積み、そこから学んで賢くなっていきます。

ところがいつからか、過去にとらわれるようになってしまいます。

「いままでやったことがないから無理だ」

「経験したことがないからやめておこう」

こんな言葉を生まれたばかりの赤ちゃんが聞いたら、どう思うでしょうか？

経験がないからできないとか、やめておこうとか、そんなことを言っていたら人間はまったく成長できません。

過去の経験にしばられると、未来の可能性を狭めてしまうのです。

限界を設けない

あなたは、挑戦する前から「無理だ」とあきらめていませんか？

人間は、自分が思っている以上に能力を持っているものです。

「なぜ、あのとき、あんな力が出たのだろう」

「無我夢中でやっていたら何とかできた」

「とにかく現状を打破しようという一念で、難局を切り抜けた」

そんなエピソードは数えきれないほどあります。

あなたも生きてきたなかで、そんな経験をしたことがあるのではないでしょうか？「火事場のバカ力」「窮鼠《きゅうそ》猫《ねこ》を噛む」などの言葉があるように、人は絶体絶命の状況に置かれると、普段では考えられない力を出すものです。とことんまで追いつめられると、脳のリミッターがはずれ、能力を最大限に発揮できるのです。

経営者にしてもアスリートにしても、偉業を成し遂げた成功者に共通するのは、自分に限界を設けないことです。

「自分にはできる」「絶対にやり遂げてみせる」と心に強く念じ、実現に向けて行動するので、周りが「無理だ」「できっこない」と思っていた限界値を飛び越えていけるのです。

いつの時代でも、新しい時代を切り開くのは、自分の無限の可能性を信じられる人です。言いかえれば、潜在意識に気づき、それをうまく生かした人です。

物事の成否を決定するのは過去の経験ではなく、潜在意識だということです。

潜在意識に気づき、それを活性化させると、脳のリミッターが外れます。すると、いままで「無理だ」と思っていたことを成し遂げられるのです。

「超・集中状態」になるための心得

19

いままでに経験のないことに、チャレンジしてみましょう

いきなり大きな成果を出す必要はありません。小さな成功体験を積み重ねるうちに自信が生まれ、未来の可能性が広がっていくことが実感できます。志は高くなり、さらにチャンスをつかんで、より大きな成功が手に入ります。

やがて自分の立っているステージが上がり、見えてくる景色も、出会う人間も変わってくるでしょう。

あなたには未来しかありません。人間ですから、過去にこだわってしまうのはわかります。

しかし同時に過去の体験がブレーキとなって、未来の可能性を潰してしまう危険にも気づいてもらいたいのです。

潜在意識の使い方次第で、あなたの未来は大きく変わります。

潜在意識が人間関係を変える

潜在意識から生まれるエネルギーは人と人の間で大きな作用をもたらします。

「先生がいると雰囲気が明るくなる」

「先生と話していると、元気をもらえる」

ありがたいことに、患者さんや私の歯科医院のスタッフから、そう言われることがあります。これは私が潜在意識を活性化させているからだと思います。

あなたも、ある人と会ったとき「エネルギーをもらった」「オーラが違う」と感じたことはないでしょうか？

そのときに感じたパワーやオーラこそ、潜在意識がもたらすものです。人は、上質な潜在意識に触れたとき、「エネルギーをもらった」と感じるのです。

大きな成功を収めた人には、突出した輝かしいオーラを発している人が多いものです。

また、次々と結果を出し続ける人は、強く安定したエネルギーを持っています。

潜在意識は、同じエネルギーの人を引き寄せる

よく「馬が合う」という言葉を聞きます。初対面なのにパッと見た瞬間、「この人とは生涯の友になるだろう」という予感が生まれます。

これも潜在意識のなせる業《わざ》です。

潜在意識には、人を引き寄せる力があります。

とくに同じ波長の人を強く引きつけるのです。

初めて会った二人がお互いに「この人は特別な人だ」と感じたとしたら、それは双方の潜在意識が交流し、エネルギーが共鳴しているのです。

もしも、あなたが仕事、あるいはプライベートで「なかなかいい出会いに恵まれないな」と思っているとしたら、それを簡単に「運」という言葉でかたづけてはいけません。

自分の潜在意識のなかに、「ネガティブなエネルギーが潜んでいないか？」と疑ってみることです。

ネガティブな思考に支配される人は、ネガティブなエネルギーを引き寄せてしまうものです。「弱り目に祟り目」「泣きっ面に蜂」などということわざがありますが、マイナスがマイナスを引き寄せてくることは昔から多くの人が感じていたことです。

自分を卑下し、いじけたり、他人をうらやんで嫉みやひがみ根性を生じさせたりするのは、マイナスエネルギーを呼び込む行為です。

自分で自分の価値を貶《おとし》めるようなことをすれば、周りからプラスのエネルギーを持った人はどんどん離れていってしまいます。

残るのは、同じマイナスのエネルギーを持った人たちです。

これでは、いつまでたっても成功の道は開けません。

逆に、自分を信じ、高い目標を持ち、謙虚に努力しながら挑戦を続けていく人は、ポジティブなエネルギーを呼び込みます。

そして、遠くにいてもポジティブなエネルギーを持った人が近寄ってきます。

プラスのエネルギーを持った人同士はどこかで出会うように世界はできているのです。

成功者の体験談を聞いてみると、偶然の出会いでチャンスをつかんだとか、ピンチのときに、たまたま助けてくれる人が現れたとか、そんなエピソードがよく出てきます。

本当に偶然、たまたまでしょうか？

これはまったくの偶然とは言いきれない、シンクロニシティ（意味のある偶然の一致）であり、潜在意識が作用した結果です。

ポジティブな思考は自分を守ってくれる楯にもなります。

潜在意識を活性化し、プラスのエネルギーが満ちると、他者から嫉みやひがみのようなマイナスエネルギーをぶつけられても、それらを跳ね返すだけのパワーを備えるのです。

あなたはいま一度、自分の周りの人を見渡してみるといいでしょう。

プラスのエネルギーに満ちた人が多いでしょうか？

それともマイナスのエネルギーを持っている人たちでしょうか？

周りの人はあなたの鏡です。

「類は友を呼ぶ」のことわざどおり、あなたの友人はあなた自身を表しています。

いい出会いを求めるのであれば、あなたの潜在意識を変えることからはじめなければいけません。

「超・集中状態」になるための心得

20

周囲の人間関係は、ポジティブな人だけでかためましょう

潜在意識の力をうまく利用する方法

潜在意識の力はわかった。では、どうすれば潜在意識の力をうまく引き出せるのか？

果たしてそんなことができるのか？

あなたはそう思ったかもしれませんね。

じつはそれほど難しい話ではありません。

日常の心構えに気をつけるだけでも、潜在意識にいい作用があります。

潜在意識はいいものも悪いものも引き寄せます。

潜在意識それ自体はエネルギーですから、ものごとの善し悪しを判断することがないからです。ただ、同じ波長のものを引き寄せてくるだけです。

だからこそ、常に潜在意識をいい状態にしておくことが大切です。それには大きく分けて2つのポイントがあります。

① いい言葉を使う

すぐに実践できるのは、いい言葉づかいを心掛け、悪い言葉、否定的な言葉を口にしないことです。

「あなた、バカじゃないの」

「何やってもダメな奴だな」

このような、相手を口汚くののしったり、侮辱したりする言葉はもちろんマイナスエネルギーを引き寄せます。

「どうせ、できっこない」

「そんなのは無理だ」

悪い言葉だけでなく、自分を卑下したり、可能性を否定したりする言葉もまたマイナスエネルギーを呼びます。

そうした言葉は呪いのように潜在意識に刻み込まれ、ネガティブな感情がどんどん積もっていきます。

オリンピックや世界選手権などで金メダルを獲るアスリートには、競技の前から「絶対に金メダルを獲るのだ」と考える人が多いといいます。なかには、金メダルを首にかけた自分の姿をはっきりとイメージしているアスリートもいるようです。

たとえ同じ実力を持っているアスリート同士でも、「絶対に金メダルが欲しい」と思っている人と、「自分に金メダルなんて無理だ」「メダルを獲ることさえ厳しいかもしれない」と思っている人では、すでに勝負が決まっています。

前者は思いの強さが強い集中力を生み、いままでのリミッターをはずし、驚くような結果を残す可能性があります。しかし、競技前にあきらめてしまっている人は過去の成績を超えることができないでしょう。それが潜在意識の力です。

ふと弱気になったときでも、「大丈夫だ」「自分はできる」と、あえて前向きな言葉をつぶやいてみるといいでしょう。ポジティブな言葉は潜在意識に働きかけ、ものごとをやり抜くパワーを生み出します。

② いいものに触れる

いいものに触れることも潜在意識に好ましい影響を及ぼします。

たとえば流行りのショップやスポットに行くのもいいでしょう。

そういう場所はプラスのエネルギーが人を引きつけていることが多いので、いいエネルギーをもらうことが可能です。

また、職人が丁寧につくりこんだ製品を身につけてみるのもいいでしょう。

いまの時代、100円ショップでたいていの日用品が手に入りますし、洋服も大量生産型の手ごろな値段のものがあふれています。

しかし、職人が一つひとつ、丹誠を込めてつくり上げたものを手にしてみてください。

「やっぱり触り心地が違う」

「温かみを感じるな」

「持っているだけで気分がよくなる」

そのようにして、何かしら伝わってくるものがあります。

それは、あなたの潜在意識が、職人が魂を込めてつくったものと共鳴し、活性化されているのです。

マイナスエネルギーを排除する

このように、自分にとって心地よいものや、プラスのエネルギーが感じられるものを選ぶと、潜在意識が良好に保たれ、活性化されます。

ただし、大きな成功を考えている人は、これだけでは十分ではありません。

なぜなら、潜在意識には、過去の経験から蓄積されてきた考え方や価値観がたくさん刻み込まれていて、それがすべてポジティブな要素であることはほとんどないからです。

全体的にはポジティブであっても、どこかに自分の可能性を限定するような負の考え方が紛れ込んでいるものです。

とくに日本という国は、集団生活に適応することに強い圧力がかかっているように思います。学校や会社でも、みんなとうまくやっていくために、個性を抑え、目立たず、出過ぎないことをよしとします。

周りと摩擦を起こしてまで自分の成功を求めるのはよくないこととされるため、どんなに能力や実力がある人でも「そこそこ」で収めてしまうという傾向があります。そんな理由から、この国からは大成功する人間がなかなか出てこないのだろうと思います。

大きな成功を手に入れたいのであれば、自分の潜在意識からマイナス要素をすべて取り除くことが必要なのです。

カップのなかに少しでもコーヒーが残っていると、その上からどれだけ新鮮なオレンジジュースを注ぎ込んでも、クリアなオレンジ色にはなりませんし、コーヒーの苦みが消えることもありません。

それと同じように、古い価値観が少しでも残っていると、そこに新しい価値観を注ぎ込んでも、純度100%には決してならないということです。

あなたは、**「ならば潜在意識に残っているマイナス要素をすべて取り除けばいいのだ」**と思ったことでしょう。

そのとおりです。古い価値観を一度きっぱり捨て去り、そのうえで新しくプラスのエネルギーを注ぎ込めばいいのです。

私自身も、かつて潜在意識の入れ替えを経験しています。

私はある時期を境に、ナポレオン・ヒル、ジョセフ・マーフィー、ジグ・ジグラー、ブライアン・トレーシーなど、自己啓発の大家たちの著作を読み漁りました。そうすることで、自分の潜在意識を総入れ替えしようと考えたのです。

あまりに目を酷使したために視力が大幅に落ち、本を読み続けるのが辛くなると、オーディオブックでの学びに切り替えました。クルマや電車、飛行機で移動するときはもちろん、部屋で作業しているときも、風呂に入っているときも、オーディオブックを流しっぱなしにしました。床に就いて眠るときでさえ、イヤホンをつけて聞き続けたものです。

内容がいいのにオーディオブックになっていない書籍があると、プロのアナウンサーに頼んで本を朗読してもらい、自分だけのオーディオブックをつくったこともあります。

世界的に高い評価を受けている成功哲学のプログラムを徹底的に学んだことで、私の潜在意識から古い価値観が一掃され、それに代わって未来の可能性を信じる価値観が注ぎ込まれました。

潜在意識がいったん活性化されはじめると、学びは加速度的に深まっていきました。一つ学んで、一つ知識が増えるといった単純な積算ではなく、吸収した学びが潜在意識のなかで有機的に結びつき、まったく新しい思考や行動が生まれてくるという感覚でした。

しばらくすると、良好なインプットが潜在意識を活性化し、良好なアウトプットを生み出すサイクルが生まれました。

その結果、成功のための思考や行動が自然とできるようになり、さらには好ましい人間関係が築け、良質な情報も入ってきました。その後は好ましいサイクルが私に根づいたことで、成功への階段を駆け足で昇ることができたのです。

「超・集中状態」になるための心得

21 いい言葉を使い、いいものに触れましょう

いまの自分自身と向き合い、潜在意識の質を高める

あなたも成功を望むなら、まず高い志を掲げ、心の底から自分が求めているものを強く望んでみてください。あなたが本気で目指している成功を手にした自分の姿を、はっきりと思い描いてみるのです。

もちろん、その姿はいまのあなたとはずいぶん違うでしょう。目指しているものや、あるべき姿が崇高であればあるほど、現実とのギャップは大きくなります。

少しやる気を失いましたか？

しかし、現実とのギャップは大きくていいのです。

未熟であることは何も恥ずかしいことではありません。

あなたが未完成であるのは、将来の可能性がそれだけあるということです。未熟である

こと自体に、これから大きく成長できるという価値が眠っているのです。

「まだまだ自分は未完成。でも、どこから手をつけたらいいかわからない」というのなら、まず身近に「こうなりたい」と思える人を見つけて、その人から学んでみるといいでしょう。

この人なら、この場面で「どんな発言をするだろうか」、こんなときは「どのように振る舞うだろうか」と、〝恩師〟の視線で自分の思考や行動を見つめ直してみるのです。すると、また新しい気づきを得ることでしょう。

自分を見つめる手段

自分を振り返る手段としては、日記（ブログ）をつけるのも一案です。

私はほぼ毎日、ＳＮＳを通じて情報発信しています。

これはみなさんに著書や講演では伝えきれなかったことを発信するのが目的ですが、同時に自分自身のためでもあります。

日々の生活のなかで、これは大切だと思うことや、忘れてはいけないことを文章に書き起こすことによって、自分の潜在意識のなかに新しい知識や経験を刻みつけているのです。

あなたにとってもＳＮＳは身近な情報交換のツールでしょう。

そのツールを、潜在意識を上質なものに変えていくために使ってみてはどうでしょうか。

毎日、継続すれば、そのこと自体が自信にもつながっていきます。


理想と現実のギャップを埋めていくために、感謝の気持ちを持つことも欠かせません。


感謝は、夢を実現するための動力を生み出すエネルギーのようなものです。

私が本を書こうと思ったのも、感謝の「総和」を増やしたいと思ったからです。

病院で一人ひとりの患者さんに向き合う仕事は、その仕事が完璧であれば、大きな感謝をもらえます。

一方、出版や講演は、一つひとつの感謝は小さいかもしれませんが、何百、何千という多くの人から、たくさんの感謝をいただくことができます。

私の本を読んでくれたり、私の講演を聞いてくれたりした人が、「勉強になった」「よい話を聞いた」と思ってくれれば、周りの人たちに伝えてくれるかもしれません。

1人が周囲の10人に伝え、10人がまた周囲の10人に伝え……そう繰り返せば、感謝の連鎖がどんどん広がっていきます。

人は感謝の数だけ徳を積むことができるといいます。

成功するまでは落とし穴がいろいろとあるものです。

成功した後も、傲慢になったとたんに足もとをすくわれます。

成功し続ける人は周りに感謝の気持ちを持ち、謙虚な姿勢で努力し続けています。

その姿勢が潜在意識の質を高めていくのです。

「超・集中状態」になるための心得

22

理想と現実のギャップを知り、感謝の心を持ちましょう

Chapter

4

集中力が分散してしまったときは?

4 Chapter

この章のポイントは、どうしても集中力が切れてしまったときや、集中状態が続かないときの対処法を得ることにあります。

最速・最短・最大の成果を出すために「超・集中状態」が必要だとはいえ、人間ですから、ときには集中が散漫になってしまうことがあります。

そういうときの処方箋《しょほうせん》を提示していきますので、そのなかから自分に合った方法を選んだり、アレンジしたりして役立ててもらいたいと思います。

ちょっと工夫するだけで、集中力が戻ってきたり、続いたりということは多いものです。

たとえば、1時間続けると考えると集中が難しいと感じる人でも、「3分間」だけ集中しようと考えればどうでしょうか。できそうな気がしてきませんか?

早速、その話から始めましょう。

「3分間だけ集中法」を使う

これまで述べてきたように、「超・集中状態」によって仕事のパフォーマンスは格段に高まります。とはいえ、なかなか集中できない、あるいは集中力が続かないといったケースはよくあることです。

そんなときは「3分間だけ集中してみよう」と考えてみてください。3分とは、ずいぶんと短い時間だ。3分で何ができるのだろうか。そう思うかもしれませんね。

しかし、たとえばボクシングの1ラウンドは3分です。

1ラウンドでお互いが打ち合い、瞬時に決定打が出てノックアウト勝ちというシーンもあります。たった3分間に大きなドラマがあるのですから、「何もできないほど短い時間」と決めつけることはできません。

また、朝礼をはじめ、職場のミーティングでは「3分間スピーチ」が定着しています。いかに自分を上手にアピールできるか、または、いま進めている業務についてわかりやすく説明できるか。それは3分の使い方次第です。その気になりさえすれば、3分で自分をアピールすることは難しくはないはずです。

まったくのフィクションではありますが、ウルトラマンが活躍できるのはわずか3分間です。ウルトラマンは3分という限られた時間のなかで敵の怪獣と闘い、苦戦しながらも最後には相手を倒し、地球を守るのです。

ここで知ってほしいのは、3分で成し遂げられることは結構多いということです。

考えてみれば、30分も3時間も、3分の積み重ねです。

3分をおろそかにする人は、たとえ与えられた時間が30分であっても、3時間であっても、いつも「時間が足りない」と嘆くことでしょう。

また、「時間が足りないから、やらない」というように、やらない理由を探す行為は、自分の行動に制限をかけることにつながり、結果的に潜在意識にも悪い影響を与えてしまいます。

なによりも、やらない理由を探して行動しないことが習慣化してしまうと、「やらないのが当たり前」になってしまい、成功が近づくどころか、むしろどんどん離れてしまう結果を招きます。

短い時間だからこそ、有効に使う。

成功を目指すなら、その心構えがとても大事なのです。

「1時間集中しよう」と思っても、集中力を維持しつづけるのは簡単ではありません。

とくに就業時間中は、自分のプロジェクトの計画を立てたり、上司から頼まれた資料をつくったり、部下の仕事の進捗状況を管理したりと、同時並行でやらなければいけないことが3つも4つも重なってあるものです。

そういう状況になると、「あれも気になる」「これも気になる」と、集中力が分散しがちです。そして、気が散ることによって、「あれをやらなければ」「まだこれをやっていない」「どうしよう」と焦りがさらに大きくなります。

あなたも日常的にそんな経験をしているのではないでしょうか？

そこで「3分間だけ集中法」を心がけます。

ボクサーは1ラウンド3分間を全力で闘い、1分間のインターバルを挟んで次のラウンドのゴングが鳴ると、ふたたび全力で闘います。そのスタイルを仕事に応用するのが、この「3分間だけ集中法」です。集中力を継続させようとするのではなく、短い時間のなかで集中を図るように意識転換するのです。

あなたが日々、取り組んでいる仕事の内容を一つずつ振り返ってみてください。3分単位でできる作業は、案外多いはずです。

たとえば、電話、メールの送受信や確認、スケジュール調整、資料の印刷、プロジェクトの進捗確認などは3分と決めて取り組むのにちょうどいい作業ではないでしょうか。業務上必要なSNSの更新やツイッターの発信も3分あれば可能です。

時間の使い方は、短時間ごとで区切って考える

私もスキマ時間をうまく活用することをいつも考えています。

たとえば、メールの送信です。

私は診療と診療の間に時間ができると、よく院長室にこもり、メールを書いています。

たった数分で書いたメールから大きな仕事につながったケースもあります。

「セミナーの後の懇親会でお話しした例の件、その後いかがでしょうか」

そんなメールを送ってみると、

「ちょうど検討していたところです。近々、打ち合わせをしませんか」

といったメールが返ってきます。

私からのメールが、相手に「やってみよう」という気持ちを起こさせるきっかけになったのかもしれません。

そうだとするなら、スキマ時間にメールを送らなかったために、せっかく芽を開きはじめたチャンスがしぼんでしまうこともあるということです。

たった数分の間に、成功のチャンスが潜んでいるのです。

スキマ時間をうまく使うにはコツがあります。

あらかじめ、スキマ時間にやるべきことを決めておくのです。

いざ時間が空いたときに、「何をやろうか」と考えはじめたら、それだけで時間は過ぎてしまいます。ですから、「本を読む」「メールを書く」「資料をチェックする」など、やりたいことを明確に決めておくのです。すると、ほんのわずかの時間しかなくても、有効に活用することができます。

3分で可能な作業を見つけて集中して取り組む以外にも、明らかに3分で完結できない仕事を意図的に3分ずつに区切ることで成果を高める方法もあります。

そのためには、まず仕事のプロセスを考えて、3分単位の作業ユニットに分解します。

そして、それぞれの作業ユニットに集中して取り組むのです。

こうした手法は、作業ごとにピリオドを打つという意味合いから**「ピリオダイゼーション」**というスキルとして、作業全体の効率向上にもつながることが科学的に証明されています。

スポーツの練習に当てはめて考えればわかりやすいでしょう。

長い時間だらだらと練習しても、ただ疲れるだけで効果はあらわれません。

それよりも、習得するスキルや戦略を明確化した3分の練習をいくつか考案して一つずつの練習に集中すれば、目標とするスキル向上を効率的に達成できるうえ、包括的な競技レベルも、だらだら練習していたときと比べて格段に向上します。

短時間だけ集中することのメリットは、そのほかにも考えられます。

たとえば、いつも10分間かかっている作業を、今日は「3分で片づける」と思うと、自分を追い込み、短時間に集中して成果を出そうという思いが強くなります。

人は追い込まれると、脳のリミッターが外れ、潜在意識が働きだし、無限のパワーが発揮されるのです。

ただし、追い込み方には注意が必要です。

「なにがなんでも3分以内で」という意識が強くなりすぎると、その作業を「こなす」ことが目的となってしまいます。

それではいい仕事になりません。

集中力を発揮するのは、完璧な仕事を遂行することが目的です。

だから、ストップウォッチを3分に設定するような仕事のやり方は、むしろ逆効果になりかねません。

大切なのは短時間だけ集中することによって、潜在意識を活性化させることです。だから3分にこだわり過ぎる必要はありません。

あなたにとって集中できる最小単位が「5分」であれば、5分を一単位として、その時間でできることを考えてみてもいいでしょう。

「超・集中状態」になるための心得
23
「ピリオダイゼーション」を駆使して、目の前の作業に臨んでみましょう

15分だけ眠ってみる

集中力を発揮するためには、きちんとした睡眠は欠かせません。

最近も「睡眠負債」という言葉で、睡眠不足の弊害が語られています。ちなみに「睡眠負債」とは、スタンフォード大学の研究者により提唱された言葉で、日々の睡眠不足が借金のように積み重なり、心身に悪影響を及ぼすおそれのある状態のことです（参照：西野精治著『スタンフォード式　最高の睡眠』サンマーク出版）。

たしかに人間は睡眠が必要な生き物ですから、仕事の期日が迫っているからといって、まったく眠らずに集中力を発揮しようとするのは無理な話です。

とはいえ、長時間眠ればいいものでもありません。

仕事中に集中力が切れるたびにたっぷりと昼寝をしていては仕事は少しもはかどりませ

ん。これでは〝過剰睡眠〟です。

集中力が分散したときに、おすすめしたいのが「15分睡眠」です。

私は昼間に細切れの睡眠をとることがあります。

手術と手術の間に時間が生まれると、前項でお話ししたようにメールを書くなどの作業もしますが、疲れを感じているときは眠る場合もあります。また、飛行機や新幹線で移動するときも、必ずと言っていいくらい仮眠を取ります。

私の場合、意識して眠るというよりは、気がつかないうちにスーッと眠りに落ちているといった感じです。

治療に超集中しているときは「疲れた」といった感覚はまったくなく、むしろリラックスしていると思えるくらいですが、やはり相当なエネルギーを使っているのでしょう。

仕事から手が離れた次の瞬間に寝息を立てているというくらいの寝つきのよさです。しかも周りの人に言わせると、かなり深い眠りに落ちているようです。

15分睡眠が終わると、頭はスッキリとしています。

仕事中に〝体内エネルギー計〟の針が100を指し示していたのが、仮眠する瞬間ゼロ

になり、起きた途端また100に戻るような気がします。

睡眠も短時間で集中すると効果があるようです。

体感的に「15分」が理想的な仮眠の単位です。

もちろん、無理して仮眠をとる必要はありません。

私もオフの時間にそれほど眠くなければ、ショッピングをしたりマッサージを受けたりしています。自分の好きなことをするのもリフレッシュになり、その効果は十分に睡眠の代わりを果たすのです。移動中の時間も眠たくなければ読書やメールのチェックなどに使えばいいでしょう。

無理に寝ようとしなくていい

この項目の冒頭で、世間では睡眠の質が話題になっていると述べましたが、私自身はそれほど睡眠の質にこだわっていません。

「できることなら眠ることなく働き続けたい」

「24時間仕事ができれば、それほどうれしいことはない」

そう思っている人間なので、眠ることにさほど意識が向かないのでしょう。

就寝時間もとくに定めていないので、必ず夜10時には寝るというような習慣はありません。疲れを感じた時間に床に就くだけです。夜9時、10時に休む日もありますが、たいていは深夜12時から1時くらいに就寝します。

眠れないなら割り切って、仕事か趣味に時間を使ったほうが有効活用できます。

身体を動かしたり、雑誌を読んだり、なんらかの活動に時間を使ったほうがいいでしょう。

なぜなら、眠りもせず、かといって何をするでもない時間を過ごしても、潜在意識は活性化しないからです。

また、ボーッとした時間を過ごしてそのまま睡眠に入ると寝起きも悪く、その日は一日中、集中力を欠き、仕事の成果も出にくくなります。

仕事でも趣味でもかまわないので、何かをしていれば、そのうち潜在能力が刺激され仕事への集中力が高まってくることもありますし、本当に疲れて寝てしまうこともあります。

ですから、眠れないなら眠れないで、別のことをして時間を過ごしてみることをおすすめします。

ただし、日をまたぎ、翌日の3時ごろまで起きていると、必ず翌日に疲れが残り、その日のパフォーマンスに悪影響を及ぼします。

自分でも3時まで起きていないようにと気をつけているのですが、どうしてもその時間まで仕事をしなければいけないこともあります。

そういうときは、必ず途中で仮眠をはさみます。15分程度の仮眠をとるかどうかで疲れ方がまるで違います。

私は床に就く時間は決めていませんが、朝は必ず6時に起きると決め、活動をはじめます。毎日の6時起きは身体が覚えてしまって、目覚まし時計をセットする必要はありません。休日であってもだらだらと長く眠ることはなく、やはり6時になると目が覚めます。

先ほど、眠れないときには何かの活動に時間を使い、潜在意識を活性化させることをおすすめしました。

それと同じで、ベッドのなかでまどろむのは贅沢なイメージがありますが、やはり何もしない時間をつくるのは潜在意識にはプラスになりません。

さっと床から起きて、ストレッチするのもよし、野菜ジュースを飲むのもよし、はっきりと就寝時間を終わらせることが大切です。

成功につながる睡眠は、就寝よりも起床を重視し、寝るときも起きるときもベッドの上で何もしない時間をつくらないのがポイントです。

起きているときの体内エネルギーは100、寝ているときはゼロくらいの気持ちで、オンとオフをきっぱりと分けるようにしてください。

「超・集中状態」になるための心得

24

就寝よりも、起床を重要視しましょう

一度立ち止まって、「私が本当に得たい結果は何か？」と考えてみる

仕事の結果よりも、それを実現するためのプロセスが気になってしまう人がいます。プロセスは結果を出すためのものです。言葉にするまでもないことのように思えますが、どうしてか、途中から結果を忘れ、やり方ばかりが気になってしまうのです。

たとえば上司から「明後日までにこの資料をつくってほしい。シンプルなものでいいから」と依頼されたとします。

最初はリクエストを覚えていても、そのうち「こんなデータも入れてみよう」「この図表はどうだろうか」「あまりいいデータが見つからないから明日またやろう」といった具合に、なかなか仕事が進まなくなり、とうとう未完成のまま期日を迎えてしまうのです。

これは「シンプルでもいいから明後日までに資料を完成させる」という結果を忘れてしまったケースです。

また、本来すべきことに集中できず、気がついたら別のことをしていたということもよくあります。

最初は部屋のかたづけをしていたはずなのに、いつの間にか古雑誌を読んでいたり、資料のデータを探すためにネット検索していたのに、気がついたら野球やサッカーの記事を読んでいたりといったケースです。

どちらのケースも「結果」にフォーカスしきれないために起きてしまったことです。

そこで集中力を欠いたときは、いま一度、「結果のみにこだわる」姿勢を取り戻すといいでしょう。

第2章で、初めての著書をAmazon総合1位にするためにメールを送り続けた話や、出版記念講演会のホールを満席にするために炎天下でビラを配ったエピソードを紹介しました。結果を出すために「どんなことでもする」という気持ちだったので、「こんなやり方で総合1位になるのはどうか」という恥ずかしさや、「自分の講演とはいえ、著者がこんなことまでするのか」という疑問は生じませんでした。

結果のみにフォーカスすると、すべきことがはっきりと見えるようになり、余計なことが気にならなくなって自然と集中力が増すのです。

結果は未来に存在するものなので、そこにフォーカスすると過去の価値観や現在の状況に振り回されなくなるからです。

もちろん、いつも容易に結果を出せるわけではありません。

実際は、幾度も幾度も曲がりくねった道、アップダウンの激しい道、なにかの拍子に足もとが崩れて、はるか谷底に落ちてしまうかもしれない恐ろしい道を通らなければ、思いをかなえることはできないでしょう。

しかし結果だけにフォーカスする人には、道の先にある輝かしいゴールが見えています。困難な経路さえも、「使命感」や「やりがい」を増幅する材料になり、むしろ燃えてきます。

結果にフォーカスできれば岐路で判断を誤ることもありません。

たとえば、あなたが新しくカフェをオープンさせたいと考えているとしましょう。カフェにたくさんのお客さまが来てくれるように、自家製ドーナツをウリにすることにします。ところが周りから「いまはドーナツよりパンケーキのほうが人気だよ」と言われたり、グルメ雑誌を開いてみると「トレンドはガレット」という記事が飛び込んできたりします。

あなたは、「そうかパンケーキもいいかもしれないな」「なるほどガレットが流行っているならそれもメニューに載せてみようか」と思うかもしれません。

ここで、もう一度、結果にフォーカスしてみます。

あなたが大切にすべき結果は「カフェを成功させること」です。

そのためには一日でも早く黒字化を達成する必要があります。きちんと利益が出るからカフェを維持でき、長期間にわたってお客さまを喜ばせることができるのです。

最初にカフェのウリにしようと考えた自家製ドーナツも、絶対にそれ一本でいく必要はありません。

そう考えてみると、どんなメニューを用意するかが見えてきます。

パンケーキの材料はドーナツと同じ小麦粉を使います。メニューとして追加してもコストがかさむことはないでしょう。

一方、ガレットは別にそば粉を用意しなければいけません。するとコストの面で合わなくなる、といった判断もできます。

最初は自家製ドーナツにフォーカスし、同時並行でパンケーキを出してもいいでしょうが、カフェが軌道に乗るまではガレットは提供しません。

「カフェの経営で絶対に利益を出す」と結果だけに焦点をあててみると、その結果を出すために不要なものが自然とそぎ落とされ、必要なものだけが残るのです。パンケーキがいいだろうか、それともガレットだろうかと、同列に並べて悩むことなく、優先順位がおのずと決まってきます。

これは普遍的なことです。あなたが結果だけにこだわれば、目の前には、その結果を手にするために必要なものだけが残るのです。

結果にこだわることとは、いわば「ブレない」ことです。

ブレない姿勢は、「失敗するのではないか」「結果が出ないのではないか」というネガティブな感情を寄せつけません。

また、周りからの邪魔をはねつける、強力なバリアにもなります。

さらに「必ずできる」「絶対にやり抜く」といったポジティブな感情や発想を生み出すので、ゴールに向かって真っすぐに突き進むことができます。

ポジティブな感情が潜在意識を活性化させ、成功を手繰り寄せるのです。

沖縄1000人講演会の奇跡

もう一つ大事なことがあります。

結果だけにフォーカスできる人には、思わぬところから手を差し伸べてくれる援助者や協力者が現れるということです。

結果に向かって邁進している人の姿は、それだけで魅力的だからです。

3年ほど前、沖縄コンベンションセンターで約1000名を前に講演をさせていただいたことがあります。

沖縄で一番人の入る会場ですから、そこを一杯にするのはかなりハードルが高いです。

実際、沖縄にいる友人に「今度、沖縄で1000名の講演会を企画している」と言うと、**「そんなに集まるの？　東京なら1万人以上集めるのと同じで、武道館を一杯にするくらい難しいことだよ」**と難しい顔をされました。

沖縄でそれだけの集客があるのは、全国ツアーの各都市でチケットがすぐ完売してしまう音楽アーティストや、沖縄の人に人気のある大物演歌歌手くらいだと言うのです。

しかも講演当日は沖縄知事選の日で、悪い条件が重なっています。

1000名講演の企画のはじまりは、沖縄から東京まで私のセミナーを受講しに来ていた数名の仲間たちの発案でした。

私は世界中の成功哲学や潜在意識について学び、その根幹となる考え方を多くの人とシェアしたいと思って、これまでセミナーや講演会を開いてきました。私から話を聞いて、参加者それぞれが学んだことを自分の価値に変えていってもらいたいのです。

そういう熱い思いが、いままで私のセミナーを受講してくれた仲間たちに届いているのでしょう。ときどき自分たちの出身地で講演会を自発的に企画してくれることがあります。

私から頼んだことはありません。

沖縄の1000名講演もそうでした。

ただ、仲間たちが沖縄で一番収容人数の多い沖縄コンベンションセンターの会場を押さえたという話には、私も少し驚きました。

しかし、仲間の意思を尊重していますし、難しい挑戦で成果を上げれば、それだけ仲間も成長し、それが困難なことにも本気で取り組めば成功するのだという自信にもつながります。たとえ集客数が思うように伸びなくても構いませんし、そもそも仲間たちの企画なのですから、私が非難する筋合いのものではありません。

仲間たちは講演会の準備を着々と進めてくれました。

知り合いに宣伝してくれたのはもちろんのこと、地元のラジオ局や雑誌に働きかけてくれて、私が講演に先駆けて一度、沖縄入りしたときには、ラジオで話したり、雑誌のインタビューを受けたりする機会がお膳立てされていました。

「1000名も集まるの?」と疑っていた友人も、だんだんと盛り上がっていく様子を見て、「もしかしたら、いや、本当に1000名集めそうだ」と驚いていました。

「超・集中状態」になるための心得
25
ゴールを明確に宣言すると、味方が現れます

仲間たちの協力なくしては、1000名講演会は実現しなかったでしょう。

また、仲間たちは講演の日、私が一番リラックスできる環境をつくってくれました。

通常なら、講演者にスタッフがつき添ってあれこれと世話をするものですが、仲間たちはあえて私が1人になる時間もつくってくれました。

「そうしてほしい」とリクエストはしていません。

私のことを思って、一番心地よく過ごせるように配慮してくれたのです。

結果だけにフォーカスすると、自分だけでなく、周りもその結果を達成するように動き出します。これはお互いの潜在意識が共鳴している一つの表れなのです。

「小さなゴール」を設定してみる

あなたを含め、「成功したい」と望む人は、世間に無数にいることでしょう。しかし、「目指すゴールの姿を具体的にイメージできる人」となると、その数は減るはずです。

望む結果が大きなものであればあるほど、具体的なかたちとして描くのは難しいものです。また、当然ながら、大きなゴールは簡単に到達できるものではありません。そのことこそが、大きなゴールへと向かおうとする意欲をそぐ原因になっているのです。

それならば、「小さなゴールを設定する」ことからはじめてみてはどうでしょうか。

たとえば、目指すゴールまでを何ステップにも分けて、その最初のステップを当面のゴールにしてみるといいでしょう。

また、大きなゴールの縮小版を最初のゴールと定めてもいいと思います。

あなたが1冊の本を書き上げるというゴールを描いたなら、とにかく最初の1章を書き上げることにフォーカスしてみるのです。あるいは、全6章からなる本だったら、それぞれの章に何を書き記したいか箇条書きで書き出してみてはいかがでしょうか。

はじめる前は「1冊書き上げることなど無理だ」と思っていても、1章だけでも書き終わってみると、「もう少し書けるかもしれない」という気がするはずです。また、6章それぞれに書くべき内容が配分されると一つステップを上がった感じがするでしょう。

これは、ゴールをリアルな到達点として描くことができるからです。

どんなゴールを描くべきか

最初の小さなゴールが設定できると、次の小さなゴールも設定可能になります。

そして、それぞれの小さなゴールに達すると、小さな達成感や満足感がわき、プラスのエネルギーになります。それにより潜在意識も活性化され、ゴールを実現しようとする集中力も高まるのです。

最初に設定するゴールはどんなものでもかまいません。

先ほどの1冊の本を書き上げる例で言えば、もし1章分を書くことや6章分の内容を箇条書きにすることがまだ高いハードルだと感じる場合は、自分が書きたいと思っているテーマに関する本を読んで知識を身につけてみたり、そのテーマに詳しい人に話を聞いてみたりすることでも十分です。目次をつくってみるだけでもいいのです。

参考図書を読んだ、書きたいテーマに詳しい人に話を聞いたという行動も、ゴールの一つとして明確に位置づけ、ワンステップ進んだことにするのです。大きなゴールに向かうステップを刻み、ワンステップを強く意識しながら一歩、一歩前進します。

そうやって次々と踏むべきステップをつないでいくと、最初あれだけ遠くにあると思っていたゴールが近づいてくるように思えます。実際に小さなゴールを踏み越えていくうちに、そこにいたる道筋がクリアになるからです。

では、小さなゴールを設けずに、いきなり大きなゴールを目指したらどうでしょうか。

一生懸命取り組んだからといって、一朝一夕に結果が出るものではありません。

スタートからゴールまで一足飛びに到達できることは、ふつうあり得ません。

「超・集中状態」になるための心得

26 最初の一歩だけ、最速で動いてみましょう

目指すゴールは遠くにあり、どれだけ時間がかかるかもわかりません。すると「本当に到達できるだろうか」と不安が募っていきます。

成功に向かう取り組みを続けているのに、なかなか手ごたえが感じられず、自信もわいてきません。当然、集中力も分散しがちです。小さなゴールを設けずに、いきなり大きなゴールに挑戦し、そこに到達することは至難の業なのです。

やはりステップを刻み、ワンステップ上がるごとに達成感を味わい、それを次のステップを目指す自信に変えていくのが、じつは最短・最速の成功への道だということです。

ワンステップ上がるごとに成功のイメージが潜在意識に刻み込まれるので、そこからポジティブなエネルギーが発せられ、あなたを大きなゴールにいざなう力になります。

「成功したい」と「成功する」の間には、大きなギャップが存在します。そのギャップを埋めるのが小さなゴールの設定なのです。

即断即決してみる

あなたは人生の岐路で迷ったことはないですか？

「いまの会社で働きつづけるか、それとも転職するか」

「マンションを買うべきか見送るべきか」

「いまおつき合いしている人と結婚すべきかどうか」

そんな悩みがあるとき、悔いのない選択をしたいと、判断に時間をかけるのではないでしょうか。それは、自然な考え方だと思います。

しかし、どう判断していいかわからないことは意外に多いものです。

どちらもよさそうとか、どちらもしっくりいかないとか、考えれば考えるほど選択できなくなった経験を誰もが持っているのではないでしょうか。

そんなときは結局、判断ができないから次の一歩が踏み出せません。

後から振り返り、「あのとき一歩踏み出していればチャンスをつかめたのに」と後悔したこともあったことでしょう。

頭で考えすぎると、かえって思考停止を招きます。

そんな泥沼にはまるくらいなら、直感で判断を下したほうがいいと私は考えます。

もちろん、判断を誤ることもあるでしょう。

でも、一回の選択で人生のすべてが決まってしまうことはありません。

一回選択しても、選択の機会は次々と訪れます。

選択を繰り返していくと、最初に考えていたのとはまったく違う方向に行くこともあります。つまり、一回限りの選択では人生は決まらず、その先々の選択によって、自分が歩く道はいくらでも変わりうるということです。

そう考えると一番のリスクは、「何を選択するか」ではなく、「何も選択しない」ことだと言えます。

選択しなければ、次に進めないので、先に進むのがどんどん遅れてしまいます。また、その都度、深く迷ってばかりいると、実際に行動に移しても、集中力は高まりません。

即断即決し、すぐに行動に移したときの集中力と、いつまでたってもなかなか決められず、ようやく決断したが、それでもまだ「ほかの選択のほうがよかったかもしれない」と、うしろ髪を引かれているときの集中力は、まったく別物です。

もう一つ、**即断即決しないことの怖さは、選択しない思考や姿勢が潜在意識に刻まれることです。**とっさの言動や行動は潜在意識から出てくるものですから、選択しないというネガティブなマインドが成功を邪魔しかねません。

だから迷い過ぎて「選択しない」という行為は非常に危険です。

さらに、迷いは人の判断にブレを生じさせます。

どうすればいいかといつもブレている人は、周りの人の意見に流されがちです。

周りの人が本当にあなたのことを考えてアドバイスしてくれたならいいのですが、アドバイスの裏に悪意があることも考えられます。あなたを騙すつもりかもしれないし、悪い誘いをしようとしているのかもしれません。

直感を信じること=潜在意識を信じること

その点、即断即決すれば、そんな雑音に惑わされることはありません。

潜在意識によって余分なことがそぎ落とされ、純粋に、自分のための判断をすることができるのです。

潜在意識が上質なら、直感でものごとを決めても、それはいいかげんな判断にはなりません。直感を信じることは、すなわち潜在意識を信じることだと言えるでしょう。

考えすぎてチャンスを潰すくらいなら、自分の潜在意識や直感をもっと信じていいのではないかと思います。

それに、どんなことも〝先攻有利〟です。

即断即決ですぐに行動に移せば、一つ何かをなしたことで自信が生まれます。場合によっては、うまくチャンスをつかむこともできるでしょう。

即断即決でうまくいかなくても、失敗の経験を積むことができます。

それは次の成功につながっていくでしょう。

だから即断即決の場合、失敗してもそれをネガティブにとらえる必要はありません。失敗さえもポジティブに考えられるのが、即断即決のよいところです。

むしろ迷いに迷い、判断が遅れたために失敗してしまった場合、ネガティブな感情が生まれてしまいます。そのネガティブな感情が次の判断に影を落とし、再び迷ってしまうか、よい判断ができなくなってしまいます。

また、即断即決にはそれ自体にパワーがあるので、周りの人の潜在意識と共鳴し、プラスのエネルギーを引き出すことも可能です。

「超・集中状態」になるための心得

27

ときには直感を信じてみましょう

Chapter 5

「超・集中状態」の習慣化が、最速の成果への近道

5 Chapter

この章のポイントは、「超・集中状態」を習慣にして、最速の自分になるために必要な考え方や振舞い方を身につけることです。

あなたが仕事に取り掛かるとき、「さあ集中するぞ」と意識するよりは、仕事に入ったとたん自然と集中状態になっているほうがいいと思いませんか？

集中するのに一苦労する人と、仕事と集中がセットになっている人ではどちらが大きな成果を出せるかは明らかでしょう。

いつも集中力に欠けている人は、「超・集中状態」を習慣化することができるものなのかと思うかもしれませんが、習慣化するための考え方や振舞い方が存在するのです。

それさえ会得してしまえば、集中することにエネルギーを注ぐのではなく、成果を出すことに全エネルギーを傾けることが可能です。

そして、習慣化さえできてしまえば、最速・最高の結果は、もはや「あたりまえ」になるのです。

自分なりのルーティーンをつくる

私は治療をはじめると、自然に集中状態になると前述しました。それも治療が難しければ難しいほど集中のレベルは高まります。

そのとき私は神経が研ぎ澄まされ、施術も何かに指があやつられるかのように淡々とこなします。それが「超・集中状態」です。

2日で14、15名を手術するときも、一つひとつの手術がはじまると同じような「超・集中状態」を再現できます。集中力にムラは生じません。

ビジネスパーソンであれば、どんな仕事もムラなく高いレベルでやり遂げることによって好結果を導けます。

コンスタントに結果を出せるようになれば当然、周りからの評価が高くなり、同期の誰よりも早く、高いレベルの仕事を任されるようになります。

そして、高いレベルの仕事で結果を出し続けられるようになったとき、成功への道のりがぐっと近づいたことを実感できるはずです。

どんな仕事も集中して、やり遂げることが大切なのです。

午前中はいい仕事ができたが、午後は集中力を欠いて仕事が雑になったとか、報告書の前半はすばらしいできだったが、後半に入ったら支離滅裂になったとか、そういう仕事ぶりで結果を出すことはできません。

こう考えてみるとビジネスでは、ホームランバッターのような「一点集中型」の集中力を身につけることよりも、高いレベルの「集中状態を維持できる」ことを求められていると考えられます。

そこで目標にしたいのが「超・集中状態」の習慣化です。

それが実現できれば、いつでも高いパフォーマンスを発揮することが可能になります。

しかし、いきなり「超・集中状態」を習慣化するのは無理なので、理想的な状態に一歩一歩近づくための小さなステップを考えてみましょう。

まずは自分なりのルーティーンをつくり、そこで集中力を養います。

私の場合、筋トレがルーティーンの一つになっています。

私はいま、定期的にスポーツジムに通っています。

私が筋トレを続ける理由は、仕事だけでなく健康においても一流を目指したいと考えているからです。といっても、ボディビルダーやアスリートになろうというわけではありません。いつも健康であり続けるために必要なことを、日々しっかりこなしたいと考えているだけです。

ある程度、年齢を重ねたなら、明確な意思を持ち、体力を維持することが求められると私は考えています。体力の衰えとともに仕事への集中力も減衰するからです。休日だからといってだらだら過ごしていては、仕事のパフォーマンスは落ちてしまうのです。

少しだけ自慢させていただくと、いまＢＭＩ（Body Mass Index）は20、体脂肪率が11％くらいで、基礎代謝量は１５００以上あります。

ＢＭＩの理想値は22、体脂肪率は私の年齢層では標準幅の下の数値が12％ですから、かなり理想的な体型を維持していると思います。

基礎代謝量も私の年齢層より、ずっと若い人たちと同程度で、身体のなかで最もエネルギーを消費する筋肉の量が多いことを示しています。

トレーニングを続けている私に向かって、「いつまで筋トレするのですか？」と尋ねる人がいます。「もう憧れの体型になったのだから、それ以上トレーニングする意味があるのか」と言いたいのかもしれませんね。

しかし、私がトレーニングをはじめたのは理想的な体型を手に入れるためではなく、健康を維持するためです。理想的な体型はその副産物にすぎません。

健康を維持するためにトレーニングをルーティーン化するのは当たり前のことです。身体にいいことなら、「いつまで」「どこまで」と限定せず、習慣化してこそ意味があるのです。

たしかに、「体重を5キロ減らす」という目標を立ててはじめたトレーニングを、目標達成を機にやめることは理にかなっているように思えます。

しかし、多くの場合、トレーニングをやめたとたんに体重は再び増加しはじめます。そうなったら、もう一度、トレーニングをはじめるのでしょうか。

一度やめたトレーニングを再開するのは、最初のときよりもさらに大きなエネルギーが要るものです。そもそも、そんな行き当たりばったりでは、いつまでたっても一流の健康は手に入りません。

自分なりのルーティーンをなかなか定着させられない人に必要なのは、視点の転換です。

体重5キロ減は、健康を維持しつづけるためのミニゴールと考えればいいのです。「永続的な健康維持」という大きなゴールに向かって筋トレを継続することは、高いレベルの集中状態の習慣化にもつながります。

集中力を保持できる〝体質〟に変わっていくということです。

誰もが「集中力の天才」と認めるメジャーリーガーのイチロー選手は、長年変わらないルーティーンで「超・集中状態」をつくり出しています。

イチロー選手はチームの誰よりも早くスタジアム入りし、長い時間をかけて身体をほぐし、さらには守備に入る前に決まって外野の芝の状態を手で確かめます。これが試合のある日に繰り返されるルーティーンです。

このルーティーンによって、集中力を高めていくのでしょう。

もちろん日々のトレーニングも欠かしません。

その結果、ほかの選手には及びもつかない大記録を次々と打ち立ててきたのです。

イチロー選手は、日米通算安打数でP・ローズを抜いたとき、ルーティーンをやめたでしょうか。そんなことはありませんでした。イチロー選手は大記録に満足することなく、さらなる進化を見据えて、日々のルーティーンを繰り返しています。

強制的にやることを決めてしまう

イチロー選手と同レベルの集中力を身につけるのは容易ではありませんが、彼のルーティーンを見習い、集中状態の習慣化を図ることは誰にでもできます。

たとえば、始業時間が9時だとしたら、その前の10分間は今日やるべきことをチェックする時間とする。

午後の始業前の10分間は、必ず部下や後輩に仕事の進捗状況を確認する時間とする。

そうやって仕事の間にルーティーンを設けると、仕事にリズムが生まれ、集中状態の習慣化がうながされるのです。

1日を決まったスケジュールで過ごしてみるのも効果的です。

休日であれば、朝6時に起き、6時半から7時まではウォーキング、10時からは企画書をつくり、午後2時からは書類を整理する。夕方6時にはスポーツジムに行き、夜8時から本を読み、9時にブログを更新し、10時に寝る。

こんな具合に一日を丸ごとルーティーン化してしまうのです。

「今日は何をやろうか」と考えはじめると、つい時間が過ぎてしまいます。するとと時間を無駄づかいしてしまったという気持ちが生じてしまい、集中力がなかなか高まりません。

その点、最初からやることが決まっていれば、それに集中するだけでいいのです。

この丸ごとルーティーン化は、1週間単位でも効果があります。

終業後の時間の使い方を、「月曜日はスポーツジム」「火曜日と水曜日は読書」「木曜日は自己啓発のビデオを見る」「金曜日は家族と食事」というように決めておくのです。

そうすることによってルーティーンを中心にして生活のリズムが整いますし、ルーティーンを守るためにその前後の時間も集中状態を維持することになるため、一日一日が格段に充実したものになります。

私はいま、月曜日から木曜日までは帯広の医院で治療し、木曜日の最終便で東京に来て、土日は講演やセミナーの活動をおこない、月曜日には帯広に帰るというスケジュールを毎週同じように繰り返しています。そして金曜日と月曜日の朝は筋トレ、土曜日と日曜日の朝は体幹のトレーニングと決めています。

ルーティーンは結果にフォーカスしたものであると、なおいいでしょう。

イチロー選手が長い時間をかけて身体をほぐすのも、外野の芝の状態を確かめるのも、本番で結果を出すためです。

また、ルーティーンは絶対に変えてはいけないというわけではありません。より集中力を高め、より成果が出せるように、ルーティーンは改善していくものです。

先ほど例に挙げた、始業前10分間の「やるべきことチェック」であれば、最初はチェック項目のリストをメモすることからはじまり、やがて優先順位をつけたり、達成率を書き込んだりするなど、仕事の効率アップにつながる工夫を加えていきます。

そうすることで、ルーティーンは、より結果にフォーカスしたものとなり、集中状態の習慣化も進むはずです。

「超・集中状態」になるための心得
28

まずは、朝起きてから眠るまで、一日のルーティーンを決めましょう

集中できる環境を支配する

結果を出すためには集中力が続く環境づくりがとても大切です。

結論から述べると、**集中できる環境をつくるには、自分でコントロールできないものには一切かかわらないと決めること。**それが最も重要なポイントです。

あなたが買ったばかりの白い靴を持っているとしましょう。

今朝は大雨が降っています。そんな日に白い靴で外出したらどうなるでしょうか。雨の日にぬかるんだ道を歩けば、たちまち汚れてしまうのは目に見えています。

大雨が降ることや、道がぬかるむことを、あなたがコントロールするのは不可能です。ならば、大雨の日は白い靴を履いて外出しない、というのが答えになります。どうしても白い靴を履きたいなら、自宅前までタクシーを呼ぶという方法もあるでしょう。

また、お盆やお正月のような混雑しているときの新幹線に乗るとしましょう。

あなたは東京から新大阪までの間、プレゼン資料の最終チェックをしたいと考えています。自由席に座ろうと新幹線に乗り込んでみたら、席が空いていません。あなたは指定席を取らなかったことを悔やむでしょう。

あなたが新幹線の混雑をコントロールできないのは当然のことです。どうしても座って仕事をしていきたかったのなら、指定席を取るべきでした。

このように、自分は何をコントロールできて、何をコントロールできないかを明確にしておくと、集中できる環境をつくりやすくなります。

何より肝心なのは、自分で環境を選び行動すること。環境を「支配」するのです。

しかし、ビジネスパーソンにとって自分で環境を支配することが簡単でないことは私も知っています。

会社のトップや起業家ならいざ知らず、会社の一員として働いている場合、組織という環境に身をゆだねざるを得ないことがほとんどです。

「超・集中状態」で自分の仕事をしたいと思っても、上司から緊急の会議に招集されたり、部下のトラブルの解決を先にかたづけなくてはならなくなったり、集中力を欠く場面はたくさんあります。

就業時間が終わっても親睦会に顔を出さなくてはいけないとか、日曜日も上司から頼まれて取引先との接待ゴルフに出かけるとか、自分なりの仕事や生活のペースがなかなかつくれません。

会社勤めでも、環境はコントロールできる

会社に勤めている以上、自分で完全に環境を支配することは難しいのですが、それでもある程度はコントロール可能です。

まず、いまのつき合いが、自分の夢を実現するために必要なものかを考えてみます。

たとえば、年末年始に何回と繰り返される忘年会、新年会はどうでしょうか。

12月になると、あなたのスケジュール帳も飲み会の予定がたくさん入るのではないでしょうか？　しかし、よく考えてみてください。本当に頻繁に飲み会に参加しなければいけないのでしょうか？

私は年間に多くの講演会やセミナーをこなし、たくさんの人と交流をしていますので、周りからは「きっと井上先生は、年末年始は毎日のように忘年会、新年会があるのだろう」と思われているようです。しかし、私は忘年会や新年会にはほとんど参加しません。

毎年、特別にお世話になった人を招いて催すクリスマス会と、医院のスタッフと一緒に1年を締めくくる忘年会を開催するだけです。新年会は一度も開催しません。

意外だと思われるかもしれませんね。しかし、年末年始のイベントはこの2回で十分。

それ以上、イベントを開いたり、ほかの人が開催したイベントに顔を出したりしていたら、仕事のペースが崩れますし、自分で勉強する時間もつくれません。

飲み会のようなイベントは自分でコントロールできません。

必要かどうかも考えず、「毎年顔を出していることだから」と出席し、二次会、三次会までつき合って、翌日の仕事のパフォーマンスを落とす結果を招くのは最悪なことです。

同じ飲み会に出席するにしても、「別の課の人と意見を交換したい」「日ごろお世話になっている取引先に目いっぱい楽しんでもらいたい」などの目的がはっきりしていれば意味のある時間になりますから、その目的にかなう飲み会だけに絞ればいいのです。

コントロール外のつき合いに発展しやすいのは、ゴルフも同じです。

じつを言うと、私は大学生のときゴルフ部に所属し、しかも副キャプテンまで務めていました。しかし、いまはまったくゴルフをしません。ゴルフを再開すれば、月に何度かの休日はコースに出ることになるでしょう。18ホール全部回らず、たとえハーフの9ホールで上がった場合でも、少なく見積もって2時間程度はかかります。終わった後、風呂や食事を一緒にしていたら、さらに時間を取られてしまいます。

いまの私は、ゴルフで仕事の時間や勉強の時間が潰されるのが、とてももったいないと思っています。飲み会同様、ゴルフもはじめてしまうとコントロールが効かないので、遠ざけているのです。

私は原則的に、自宅、医院、東京のホテル、ジムの4ヵ所を行き来しています。

時間が空けば一人でショッピングに出かけることはありますが、連れだって夜の街に繰り出すことはまったくありません。

こんな話をすると「井上先生はストイックですね」と言われます。周りからはそう見えるのかもしれませんが、私にとってストイックであるかどうかは大きな問題ではありません。**自分にとって成果を出すために不要だと思うつき合いはせず、必要なルーティーンを崩さないことを一番に考えたライフスタイルを貫いているだけです。**

もちろん、あなたが望む成功が、会社で出世を果たすことなのであれば、私は何も言いません。進んで飲み会やゴルフなど、組織の集まりに顔を出し、組織と一体化していったほうが、あなたの成功は近づくかもしれないからです。

けれども、会社の外に成功を求めるのであれば、やはり組織のつき合いは一考すべきでしょう。

たとえば、あなたがいま、自分の今後の成長のために学位・資格を取ろうとしているとしましょう。ＭＢＡでも、ＴＯＥＩＣでもかまいません。取るなら、**そのためにかける時間は最短がいいに決まっています。**

「超・集中状態」になるための心得

29

飲み会もゴルフも行ってはいけません

集中できる環境は整っているでしょうか。

少なくとも、いままでつき合いで毎日のように飲み歩いていたなら、それをやめないと勉強する時間が取れません。健康にもよくありません。そのほかに花見、暑気払い、花火大会、忘年会、クリスマス会、新年会と数多くある酒の機会は減らす必要があるでしょう。月に1回のゴルフも、どうしても行かなくてはならないものを除いて、やめるべきです。

そうやって学位や資格を取るために勉強する環境をつくるのです。

息抜きに一杯、たまには飲むのもいいのでは？　一杯のつもりが、気がついたらハシゴ酒……というのはよく起きることです。

あなたがフォーカスすべきは、どんなことでしょうか。

学位・資格の取得でしょうか、それとも飲み会でしょうか。

焦点がぼやけそうになったら、何度でもフォーカスし直してほしいと思います。

勝ち負けに徹底してこだわると、集中力とやる気の好循環が生まれる

「超・集中状態」を続けるためには、勝ち続ける、攻め続けることが条件になります。

プロ野球やJリーグを見ていても、連勝するときは連勝し、負けはじめるとどこまで連敗するのかわからないということが少なくありません。

また、実力が伯仲したチーム同士の試合展開を見ていると、ゲームがスタートしてからしばらくの間は試合が拮抗しますが、一方が得点すると緊張の糸がプツッと切れてしまいます。そして先制したチームが立て続けに点を入れ、実力以上の大差で勝負が決するものです。

勝ち続けるときと負け続けているときでは、集中力や潜在意識にどんな違いがあるのでしょうか。

まず勝ち続けていると、周りから協力が得られたり、よい情報が入ってきたりします。それによってますます勝つ環境が整います。

潜在意識のなかにも〝勝ちグセ〟が刻まれ、ポジティブなエネルギーが満ちてきます。そして、集中状態に入るとそのポジティブなエネルギーが発揮され、素晴らしいパフォーマンスを生み出すのです。

それに対して負け続けると、勝ち続けるときとまったく逆の現象が起きます。**潜在意識には〝負けグセ〟が刻印され、ネガティブなエネルギーに満たされてしまいます。**せっかく勝つチャンスが到来しても、「どうせうまくいかないから」と脳が勝手に判断し、そのとおり負けてしまいます。人もお金もあなたから離れていくでしょう。

一番怖いのは、負けることに慣れてしまうことです。

かつて「成功したい」と思っていた人が、「成功なんて無理」「人生何をやってもうまくいかないものだ」と負けを肯定してしまうのです。

負け続けている状況に安住してしまうことさえあります。

成功したいなら勝ち続けるしかありません。一回勝って満足してはいけません。次も勝つ、その次も勝つ、すべて勝つという気持ちが大切です。

勝ち続けるために、パーフェクトな準備をする

勝ち続けるためにもう一つ重要なのが、ここまで何度も大切だと述べてきた「準備」です。

大きな取引の契約がかかった商談や役員へのプレゼンテーション、多くの聴衆の前での講演など、ビジネスパーソンにはキャリアを決定づける瞬間があるものです。

そのとき、集中力を発揮できるかどうかで勝負は決します。

勝てばワンランク上のステージに上がれるでしょう。

しかし、負ければ（うまくできなければ）チャンスは二度と訪れないかもしれません。

もちろん本番は「超・集中状態」で臨まなければなりませんが、そのためには完璧に準備する必要があります。

以前、インプラントの新製品を開発した企業の記念講演会に招かれ、オープニング講演を務めたことがあります。

1000名近くの聴衆が集まる大規模な講演会です。

国内外から一流の歯科医や研究者が参席します。

そのような場でのオープニング講演を任されたわけですから、たいへん名誉なことであり、責任は重大です。

私はまず、新製品を共同開発した大学教授たちのキャリアとともに、過去の論文を取り寄せて、その論文から今回の開発につながった部分を調べ上げました。

あわせて開発企業のフィロソフィー、開発の足跡も確認するなど、開発関係者のありとあらゆる情報を徹底的に洗い出しました。

しかし、それだけでは準備は足りません。

最初、オープニング講演に使う映像については、企業側が用意したものがありました。

しかし、それは重要な講演会のオープニングを飾るのに、やや弱い感じがしました。

そこで、いつも私の仕事に協力してもらっているスタッフに依頼し、私の意図を伝えることで、素晴らしい映像をつくってくれました。

私の準備はそれで終わりではありません。

あらかじめ講演用のデータを運営者に送っておきます。

当日使うスクリーンの縦横の比率に合うかどうか、拡大したときの解像度は問題がないかを確認してもらうためです。

さらに、講演開催日までの間、主催者側との打ち合わせを重ねました。

事前にパワーポイントの資料と当日話す内容のポイントを書いた紙を渡し、「本番ではこういうことを話します」と、私の話すことの価値とポイントを徹底して伝えました。

ここまで準備して、ようやくオープニング講演の壇上に立つことができるのです。

本番では、開発関係者への賞賛の言葉や、新製品に対する独自の分析と論評が流れるように出てきました。

それができたのも完璧な準備があったからです。

聴衆から見たら、ずいぶんと自信があり、こなれたふうに見えたと思います。

しかし晴れの舞台は全体のプロセスの本当に最初の一部分にすぎません。
ちょうど顕在意識が全意識の氷山の一角でしかないのと同じだといえます。
パーフェクトな準備が勝ちを呼び込んできます。
「準備」も「勝ち続けること」も両方習慣にしてほしいと思います。
その先に「超・集中状態」を自在にあやつることができる自分がいることでしょう。

「超・集中状態」になるための心得

30

「そこまでやるの?」と言われるまで準備をすると、「超・集中状態」が習慣化します

駐車場の停め方で成功するかわかる

「超・集中状態」を習慣にするには、ルーティーンを設けたり、集中できる環境をつくったりなど、集中状態の維持を試みる直接的な方法もありますが、一方で潜在意識をよい状態に保つという間接的な方法もあります。

潜在意識のなかに成功の価値観やイメージを刻み込んでおき、集中状態に入ったなら、一気にポジティブなエネルギーを発揮するのです。

そのために、あなたは「思考習慣」を見直す必要があるかもしれません。

いまは成功を収めた、ある事業家の若いころのエピソードです。

事業家は大の芝居好きでした。

そのときも大人気の芝居が劇場で上演されていました。

かねがね見てみたいと思っていた作品です。

しかし、公演期間中はとても忙しくて、見に行く時間をつくれそうもなく、ほとんどあきらめていました。

ところが、期間中の1日だけ、スケジュールが空きました。

あなたならこんな場合、どうしますか?

① 当日券があるかわからないが、ひとまず劇場に足を運んでみる

② 大人気の芝居だから当日券が残っているとは思えないので、あきらめる

その事業家が選んだ答えは①です。

迷うことなく劇場に赴きました。すると当日券売り場には、先行発売でもなかなか手に入らない特等席が1枚だけ残っていました。事業家はずっと見たかったと思っていた芝居を、最高のポジションで楽しむことができたそうです。


これは成功する人の思考、行動を端的に説明する事例です。

「当日券が残っているとは思えない」というネガティブな考え方に影響されず、まずは「大好きな芝居だからぜひ見たい」というプラスの思いで駆けつけた結果、若き事業家は得たいものを手に入れることができました。

なぜ、事業家は迷うことなく、そのような行動をとれたのでしょうか？

私は、その事業家が、成功のための思考、行動を習慣化できていたからだと思います。

当然、それは潜在意識に刻まれるので、いざというとき最適な判断を導くのです。

では、あなたが成功のための思考、行動の習慣化ができているかを、いまから2つのケースで確認してみましょう。

〈駐車場のケース〉

あなたは街中の駐車場にクルマを入れるとき、いつもどこに停めているでしょうか？

もしかしたら、すぐに思い浮かんだのは、「空いていそうな場所を探す」という回答ではありませんでしたか？

しかし、成功する人は「一番いい場所に停める」と答えるのです。

それに対してあなたは、「一番いい場所はもう埋まっているはずだから、空いていないのではないか」と疑問を持つかもしれませんね。

それは本当のことでしょうか？

今度、街中の駐車場に入ったら、建物の入り口に一番近いところや、駐車場から外に出るのに一番便利な場所にクルマを進めてみてください。

すると、あなたが思っている以上の確率で駐車スペースが見つかるはずです。

どうしてかと言えば、駐車場に入る大半の人が「一番いい場所はすでに埋まっているはず」と考えるので、便利な場所はじつは比較的空いているのです。

成功する人が、駐車場に精通しているというわけではありません。

でも、成功する人は目的にまっすぐ向かいます。それが一般の人とは違うため、結果的に多くのチャンスを手にするのです。

確かめもせず、「無理だ」「不可能だ」と思うことは、潜在意識にマイナスの影響を及ぼします。ものごとに対してネガティブに判断するクセがついてしまうので、成功が遠ざかるのです。

たとえ、一番いい場所に行こうとして駐車係から「空いていませんよ。別を探してください」と制止されたとしても、「確認だけさせて」と言えるようにしたいものです。

制止されれば、大半の人はあきらめてしまうでしょう。

それは他人のルールでものごとを決めてしまったということです。

結果的に別のクルマが停まっていたとしても、それを確認し、自分の判断のもとで次の行動に移す。そういう思考、行動の習慣が大事なのです。

〈レストランのケース〉

あなたは友人とレストランにやってきました。

店内を見渡すと、夜景の見える一番いいテーブルの上には「予約席」の札があります。

そのとき、あなたはどんな行動をとりますか？

たいていの人は、「予約席か。残念だな」と思って、ほかの席に座ることでしょう。

しかし、成功する人は違います。

「ここは本当に空いていないの？」

「10時まで座れればいいんだけど、それまで空いていない？」

と、必ずウェイターに確認します。

とくに高級レストランでは、馴染み客が突然訪れたときのために、一番いい席を空けていることがあります。

だから、その席が本当に予約済みなのかどうか、尋ねてみるまでわからないのです。

予約席の札を見て、「予約済みか。ここに座るのは無理だな」と思ってしまった人は、脳が勝手にそう判断したのだと考えられます。

難題に直面したときは即座にあきらめるという判断を繰り返してきた結果、そう判断するという習慣が潜在意識に刻まれてしまったのです。

「無理だろう」と決めつけない

このように、あなたが成功するかどうかを占う判断要素は、日常のあらゆるところに存在します。

ネガティブな判断をすれば、それだけ成功は遠くなり、到達に時間がかかります。

しかし、逆に言えば、その一つひとつの思考、行動を変えていけば、潜在意識を刺激し、常にポジティブなスタンスをとることができるようになって、成功への道のりを短縮できるのです。

あなたが成功したいなら「避ける」「逃げる」「従う」という思考、行動はいますぐ変えなければいけません。

最初からできないと決めつけず、何よりもまず「一番」を手に入れるための行動をとってみることが大事です。

「一番いい席でなくても二番目くらいの席でいい」と思う人は、仕事の結果も〝そこそこ〟になってしまいます。仕事でもプライベートでも一番を目指す人だけが最高のキャリアを手に入れられるのです。

私は第2章で、「相手に一生感謝される仕事をしたい」と述べました。

〝そこそこ〟の仕事では人から感謝されることなどありません。

感謝される、それも生涯にわたって感謝されるのは、相手の期待をはるかに上回る完璧な仕事をしたときだけだと考えています。

成功する人が求めるのはいつもポールポジションです。

そして、じつは「ポールポジションには意外と競争相手がいない」と、経験則で知っているのも成功している人たちです。

大半の人がポールポジションを初めからあきらめてくれるので、思いのほか簡単に手に入れることができるのです。

そんなに簡単に？　とあなたが思うなら、試しに今度、高級レストランに足を運び、予約席の表示を指さして「ここは空いていないんですか？」と尋ねてみてください。

成功する人の行動原理に触れられるかもしれません。

「超・集中状態」になるための心得

31

駐車場もレストランも一番いい場所を取りに行くクセをつけると、集中力が増します

良質な情報発信をする

いまやSNSやブログを用いて、誰でも気軽に情報発信できる時代です。

しかし、自分が目立ちたいがために情報発信するのは愚かしいことです。

真偽に関係なく話題づくりのために流す情報、あるいは閲覧数を稼ぐためにあざとい情報を流しても、誰の利益にもならないからです。

私は、情報そのものには価値がないと思っています。

誰でもどこからか情報を引っ張ってきて発信することが可能だからです。

それは価値ある情報ではなく、単なるコピーを横流ししているのに過ぎません。

重要なのは、「誰が情報を発信しているか」ではないでしょうか。

自分の夢をかなえたい、成功したいと考えている人は、やはり良質な情報発信を心掛けるべきです。

良質な情報は自分の知性と教養に基づきます。

自分が学び、自分できちんと咀嚼《そしゃく》した情報です。

そういう情報であれば、自分の魅力を発信するとともに、人と人との好ましいつながりをもたらします。そのような情報を発信しているのなら、一流の人たちの共感を得ることもできるでしょう。

私は世界の成功哲学の大家はもちろん、さまざまな思想家、哲学者の本を読むのが好きです。最近は、「感性論哲学」という独自の思想を説く芳村思風《よしむらしふう》さんの本が気に入り、よく読んでいます。そうした思想家、哲学者の本を読んだなら、自分の頭で咀嚼し、そこから発想を得て情報発信します。

自分で体験し、自分の言葉で発信する

自分の体験を通した情報もまた、上質な情報になることがあります。

例を一つ挙げてみます。

私は靴をオーダーメイドする場合、3人の有名な職人にデザインはもちろんのこと、靴に対する価値観や設計の考え方などを、ことこまかに聞きます。

すると、「イギリスで修業してきた職人と、イタリアで修業してきた職人では考え方がまったく違う」といったことがわかってきます。

実際に経験してきた情報ほど、価値ある情報はありません。

私はいろんなブランドのさまざまな靴職人たちの靴に対する考え方やつくり方を知っていますから、職人たちには「自分たちが知らない情報を得たい」といって、私に興味を持ってもらえます。

靴職人のリクエストに応えて、彼らに情報提供することは、じつは私のメリットにもなります。

なぜなら彼らから、「今度イタリアから新進のすごいファッションデザイナーが出てきた」といった、まだファッション関連の雑誌やウェブなどで紹介されていない情報を提供してもらえるからです。

しかし、お金がなければ良質の情報を得られないかといえば、そういうわけでもありません。あなたの仕事でも趣味でも、とことん突き詰めていくと、その体験を通してオリジナル情報を手にすることができます。

あなたの思考のフィルターを通ってきた唯一無二の情報であり、それこそが良質な情報なのです。

良質な情報を発信するための最初の一歩は、まず自分の言葉で語ることです。

他人のコピーでは、情報の受け手におもしろいと感じてもらえません。

インターネット時代に情報はあふれていますが、「この情報はどういう意味か」などと自分の頭で考えてみることが大切です。

その延長線上に、自分しか発信できないオリジナルの情報があります。

また、自分で考えることは潜在意識を活性化させるので、一挙両得といえます。

自分が良質な情報を発信していると、一流の人たちとつながり、そこからまた良質な情

報を得ることができます。

良質な情報が集まると、自分が目標としていることや、それを実現するための条件などをかなり正しく把握できます。

すると自信をもって挑戦することができます。

強い自信が生まれると、それは高い集中力を生み出します。

良質な情報を発信することも、「超・集中状態」をつくり出すために必要なことだと覚えておいてください。

「超・集中状態」になるための心得

32

新しい情報を得て、常に自分の言葉でアウトプットします

Epilogue

結果にフォーカスした途端、あなたの未来は成功へ向けて走り出す

最後まで読んでいただき、ありがとうございます。

本書では、あなたが成功するために、最速・最短で最大の結果を出すにはどうすればいいかを論じてきました。

表面的には、得たい結果にフォーカスし、完璧な準備を整えれば、自然と集中力が高まり、圧倒的な成果を生み出すという仕組みですが、そこには裏の仕組みも同時に働いていることも示しました。

潜在意識がよい状態に保たれると、結果にフォーカスした途端、それを実現しようとパワーを送ってくれるという仕組みです。

そういうなかで「超・集中状態」が生まれます。

このように集中状態を単独でとらえるのでなく、成功のプロセスのなかでとらえ直してみることが大切です。

たとえば、あなたが夢をあきらめたり、過去の経験にとらわれすぎてしまったりといった状況に陥ると、潜在意識にネガティブなイメージが刻み込まれ、成功へのエネルギーは生じません。

逆に、最高の人や最高のものとだけつき合うといった習慣を身につければ、潜在意識はポジティブな状態に保たれ、あなたの成功を手助けしてくれるでしょう。

「超・集中状態」は、表と裏の成功プロセスのなかで把握してこそ、意味があるのです。

最後に私が強調したいのは、何よりも結果にフォーカスすることです。

得たい対象が明確であればあるほど、集中力は高まりますから、おのずと成果が出ます。

しかしフォーカスが甘ければ集中力は散漫になり、ほしい結果が得られないでしょう。

あなたが「成功したい」と強く望んだ瞬間、成功プロセスの歯車が動き始めます。

成功は未来のなかにしかありません。

過去の経験にとらわれず、リミッターを振り切り、結果だけを追い求めてほしいと思います。

あなたの成功を心から願っています。

井上裕之

【主な参考文献】

『「原因」と「結果」の法則』ジェームズ・アレン 著／坂本貢一 訳（サンマーク出版）
『J・マーフィーの教え 最高の自分を引き出す法』井上裕之 著（きこ書房）
『いまこそ、感性は力』行徳哲男 芳村思風 著（致知出版社）
『純粋経験の哲学』ウィリアム・ジェイムズ 著／伊藤邦武 翻訳（岩波書店）
『潜在意識を使いこなす人 ムダにする人』井上裕之 著（フォレスト出版）
『この選択が未来をつくる』池田貴将 著（きずな出版）
『スタンフォード式最高の睡眠』西野精治 著（サンマーク出版）

著者プロフィール

井上裕之（いのうえ・ひろゆき）

歯学博士、経営学博士、経営コンサルタント、コーチ、セラピスト、医療法人社団いのうえ歯科医院理事長、島根大学医学部臨床教授ほか国内5大学客員講師、ニューヨーク大学歯学部インプラントプログラムリーダー、日本コンサルタント協会認定パートナーコンサルタント、世界初のジョセフ・マーフィー・トラスト公認グランドマスター。

1963年北海道生まれ。東京歯科大学大学院修了後、「医師として世界レベルの医療を提供したい」という思いのもと、ニューヨーク大学に留学。その後、ペンシルベニア大学、イエテボリ大学などで研鑽を積み、故郷の帯広で開業。その技術は国内外から高く評価されている。

また本業の傍ら、世界中の自己啓発や、経営プログラム、能力開発を徹底的に学び、ジョセフ・マーフィー博士の「潜在意識」と、経営学の権威ピーター・ドラッカー博士の「ミッション」を統合させた成功哲学を提唱。「価値ある生き方」を伝える講演家として全国を飛び回っている。著書は累計発行部数120万部を突破。実話から生まれたデビュー作『自分で奇跡を起こす方法』（フォレスト出版）は、テレビ番組「奇跡体験！ アンビリバボー」で紹介され、大きな反響を呼ぶ。『なぜかすべてうまくいく1%の人だけが実行している45の習慣』（PHP研究所）、『「学び」を「お金」に変える技術』（かんき出版）、『がんばり屋さんのための、心の整理術』（サンクチュアリ出版）、『潜在意識を使いこなす人 ムダにする人』（フォレスト出版）などベストセラー多数。

井上裕之公式サイト https://inouehiroyuki.com
井上裕之公式フェイスブック https://www.facebook.com/Dr.inoue
いのうえ歯科医院 http://www.inoue-dental.jp/

なぜ、あの人の仕事はいつも早く終わるのか？
――最高のパフォーマンスを発揮する「超・集中状態」

2017年12月１日　第1刷発行
2017年12月10日　第2刷発行

著　者　　井上裕之

発行者　　櫻井秀勲
発行所　　きずな出版
東京都新宿区白銀町1-13　〒162-0816
電話03-3260-0391　振替00160-2-633551
http://www.kizuna-pub.jp/

印刷・製本　モリモト印刷

ISBN978-4-86663-018-2

きずな出版

書籍の感想、著者へのメッセージは以下のアドレスにお寄せください

E-mail：39@kizuna-pub.jp

きずな出版

http://www.kizuna-pub.jp/